MITO
e
SIGNIFICADO
em
JORDAN PETERSON

RON DART

ORGANIZADOR

MITO e SIGNIFICADO em JORDAN PETERSON

Tradução por
ROBERTA SARTORI

SÃO PAULO | 2024

LVM
EDITORA

Título original: *Myth and meaning in Jordan Peterson: a Christian perspective*

Editado e publicado por LVM editora

LVM Editora, sediada na
Rua Leopoldo Couto de Magalhães Júnior, 1098, Cj. 46 - Itaim Bibi
04.542-001 • São Paulo, SP, Brasil
Telefax: 55 (11) 3704-3782
contato@lvmeditora.com.br

Gerente Editorial | Chiara Ciodarot
Editor-chefe | Marcos Torrigo
Editor de aquisição | Marcos Torrigo
Editora assistente | Georgia Kallenbach
Tradução | Roberta Sartori
Preparação de texto | Alexandre Ramos da Silva
Revisão | Diego Perandré
Capa | Mariangela Ghizellini
Diagramação | Décio Lopes

Impresso no Brasil, 2024

Dados Internacionais de Catalogação na Publicação (CIP)
Angélica Ilacqua CRB-8/7057

D244m Dart, Ron

Mito e significado em Jordan Peterson : uma perspectiva cristã / Ron Dart ; tradução de Roberta Sartori. - São Paulo : LVM Editora, 2024.
224 p.

ISBN 978-65-5052-170-7
Título original: *Myth and meaning in Jordan Peterson: a Christian perspective*

1. Filosofia e religião 2. Patriarcado – Aspectos religiosos – Cristianismo
3. Peterson, Jordan, 1962 I. Título II. Sartori, Roberta

24-1864 CDD 100

Índices para catálogo sistemático:

1. Filosofia e religião

SUMÁRIO

INTRODUÇÃO

O outono de 2016 conduziu Jordan Peterson de seu trabalho de pesquisa, aulas e publicações na Universidade de Toronto para o palco público, com pronomes de gênero neutro e discursos compulsórios, como ocasião da apresentação inicial. A posição de Peterson sobre o Projeto de Lei C-16, no que tange ao uso de pronomes pessoais para pessoas transgênero, gerou reações significativas tanto dos progressistas ideológicos como da *alt-right*[1] [direita alternativa]. Um ano depois, o tratamento dispensado a Lindsay Shepherd, uma estudante de pós-graduação da Universidade Wilfrid Laurier que se atreveu a mostrar um vídeo de Peterson em sala de aula, o que alguns consideraram que não deveria ser feito, acelerou ainda mais a frágil polarização nas guerras culturais. Em janeiro de 2018, após a publicação do livro de Peterson, *12 Regras para a Vida*, o altamente vívido e muito discutido debate sobre o episódio entre ele e a jornalista de TV Cathy Newman, o qual debateram sobre disparidades salariais entre homens e mulheres, protestos em campus e pós-modernismo, gerou muito mais interpretações conflitantes, ao passo que as reflexões mais comedidas, equilibradas e perspicazes do bispo Robert Barron, em fevereiro, proporcionaram uma leitura mais refinada e matizada[2].

---

1 Movimento político e social de supremacia branca de extrema direita ativo nos Estados Unidos na década de 2010. A direita alternativa era uma livre associação de nacionalistas brancos relativamente jovens, libertários extremistas e neonazistas. [...] Depois de um protesto da direita alternativa que se tornou mortal no verão de 2017, o movimento se fragmentou e se dissipou. https://www.britannica.com/topic/alt-right. (N. T.)

2 Barron, Robert. "The Jordan Peterson Phenomenon", Word on Fire, 27 de fevereiro de 2018, https://www.wordonfire.org/resources/article/the-jordan-peterson-phenomenon/5717. Desde então, Peterson

Uma atitude anti-Peterson no *establishment* liberal foi consolidada pelo Debate Munk, em Toronto, entre Peterson e Stephen Fry, em maio de 2018[3], o artigo crítico no *Toronto Star* pelo ex-colega de Peterson, Bernard Schiff, naquele mesmo mês[4], e sua entrevista seguinte na CBC com Wendy Mesley, em junho[5].

Deparei-me com Peterson, pela primeira vez, quando meus alunos começaram a querer fazer trabalhos, apresentações e estudos orientados sobre ele. À medida que fui aprendendo mais a respeito dele, descobri que obviamente ele estava contribuindo com algo, falando em um vácuo que deixava muitas pessoas hesitantes. Descobri que ele estava desafiando o liberalismo principalmente ao chamar a atenção para duas coisas: primeiro, para a natureza fragmentária do pensamento pós-moderno, que diz que não se pode dizer nada de substancial; tudo é perspectiva; o segundo é o aspecto politicamente correto do liberalismo, que insiste que há algumas coisas que simplesmente não podem ser ditas. A resposta a essas duas coisas é, muitas vezes, um conservadorismo reacionário, que é tão problemático quanto. Aqueles que se sentem presos entre esses caminhos não ficam satisfeitos e encontram em Peterson um pensador ágil que não pode ser rotulado.

Além de encontrar uma audiência entre pessoas insatisfeitas com as orientações ideológicas atuais, Peterson também conquistou uma audiência entre aqueles que sabem que a ciência é incapaz de responder aos anseios mais profundos do coração humano por significado e propósito. Isso se manifesta especialmente em suas palestras sobre temas bíblicos. Na ala direita do Iluminismo (aqueles que seguiram

---

e Barron conversaram no podcast de Peterson; ver https://www.jordanbpeterson.com/podcast/s2-e14-bishop-barron-catholicism-and-the-modern-age/.

3 Peterson, Jordan B. "Political Correctness: A Force for Good? A Munk Debate", vídeo do YouTube, 2:04:25, 20 de maio de 2018, https://www.youtube.com/watch?v=ST6kj9OEYf0.

4 Schiff, Bernard. "I Was Once Jordan Peterson's Strongest Supporter. Now I Think He's Dangerous", Toronto Star, 25 de maio de 2018, https://www.thestar.com/ opinion/2018/05/25/i-was-jordan-petersons-strongest-supporter-now-i-think-hes-dangerous.html.

5 CBC News, "Is Jordan Peterson Dangerous?", vídeo do YouTube, 7:19, 10 de junho de 2018, https://www.youtube.com/watch?v=Nf303jRvJ9o.

a crítica bíblica), o texto bíblico foi rejeitado como irrelevante. Na tradição reformada, o modo de abordar a Bíblia era literal, histórico e gramatical, que perdia os elementos contemplativos e místicos que eram usados pelos exegetas patrísticos. Peterson, por outro lado, reconhece os limites da ciência e compreende como as pessoas podem se identificar com mitos. Ele interpreta as histórias bíblicas num sentido mítico, sem se prender à historicidade delas, e perguntará quase o que um diretor espiritual perguntaria: "O que esta história significa para você em sua jornada?". De repente, as pessoas percebem que o texto pode falar com elas.

A abordagem de Peterson às Escrituras é, de certa forma, uma recuperação de algo que havia sido perdido. Para os pais e as mães da Igreja, havia seis níveis de interpretação. O mais baixo era o histórico-gramatical, mas também existem formas mais matizadas e em camadas de interpretação do texto. O apelo de Peterson é que ele aponta para a relevância perene das histórias da Bíblia para o contexto de hoje, dizendo que a genialidade da Bíblia é que ela transcende o tempo e a história e fala para a alma humana. As histórias contadas na Bíblia são tão relevantes para nós hoje como foram naquela época. Para ele, não importa se as coisas aconteceram literalmente. É uma abordagem de exegese do texto com a qual as pessoas se relacionam em sua jornada humana. Nesse sentido, ele está atraindo muitas pessoas, à sua maneira honesta e duvidosa, a considerarem como o texto pode responder às perguntas que estão fazendo em sua jornada.

Este livro é uma tentativa de compreender, a partir de uma perspectiva cristã, o que fez com que tantas pessoas se identificassem com Peterson. No centro dessa identificação está a percepção que as pessoas têm de Peterson como uma pessoa íntegra. Ele inicialmente ganhou destaque por sua insistência em que existem padrões mais elevados do que as três tribos-padrão do pós-modernismo, do politicamente correto ou de um conservadorismo reacionário, e que você não precisa aderir a uma das três. Nenhuma dessas posições é intelectualmente coerente, e ele apareceu e disse isso. Ele pareceu uma pessoa íntegra que pagou o preço por falar com integridade, e as pessoas são atraídas por esse tipo de honestidade. Ele deixou claro que o simples fato de criticar a esquerda não significava que ele fizesse parte da direita alternativa. A atração inicial foi que ele estava disposto a fazer parte do debate público e enfrentar oposição por dizer que o rei estava nu. Então, à medida que as pessoas começaram a confiar nele como uma pessoa íntegra, deram crédito à sua leitura da Bíblia como relevante para a jornada de vida das pessoas. Ele alcança pessoas em diferentes lugares em seus questionamentos e as direciona para a Bíblia.

Nesta coleção de ensaios, os colaboradores exploram três aspectos do fenômeno Jordan Peterson, tentando encontrar um meio-termo entre a hagiografia e a demonização. Eles fazem três tipos de perguntas:

1. Por que ele é tão proeminente no cenário público? Qual é a lacuna que ele está preenchendo sobre a qual muitas pessoas não estão falando, e fazendo-o de uma forma que está criando reações diversas?
2. Qual é o bem com o qual ele está contribuindo para o debate público?
3. Que perguntas críticas devemos fazer a Peterson? Quais são alguns de seus pontos cegos, seus calcanhares de Aquiles, suas reações exageradas?

À medida que eles abordam esses tipos de questões, os autores também perguntam: para onde irá Peterson a partir daqui e para onde deveria ir? Peterson mostrou que é bom em colocar as pessoas na primeira marcha. Mas inevitavelmente é preciso traduzir o pessoal em comunitário, em eclesiástico, em corporativo. Você não pode ler a Bíblia e não fazer a transição do pessoal para a nação e a igreja. É aqui que você encontra pessoas diferentes de você. Peterson é excelente em tirar as pessoas de um atoleiro pessoal, mas como é isso quando você muda para segunda, terceira e quarta marchas? As pessoas estão fazendo perguntas maiores. O grau em que ele faz a transição para abordar mais do que o indivíduo irá determinar se ele se tornará uma pessoa pública mais significativa e com um impacto mais duradouro.

A tarefa de qualquer pessoa madura é reunir teoria e prática no âmbito pessoal, comunitário e público. Será interessante ver para onde Peterson vai – se ele fará essa transição, e como, ou se ele terá seu momento ao sol e desaparecerá de vista.

CAPÍTULO 1

Jordan Peterson e o Caos da Nossa Era Secular

Bruce Riley Ashford

Jordan Peterson foi descrito como "um dos pensadores mais importantes a emergir no cenário mundial durante muitos anos", e o autor tem razão[6]. Peterson atraiu pouquíssima atenção do público até 2016, quando se opôs publicamente ao Projeto de Lei C-16 do Canadá, uma proposta para obrigar os cidadãos a usarem os pronomes de gênero preferidos das pessoas transexuais. A oposição de Peterson a esse Projeto de Lei colocou-o sob os holofotes internacionais, passando de praticamente desconhecido a talvez o intelectual público mais famoso do mundo em 2018.

Em março de 2019, o canal de Peterson no *YouTube* tinha mais de 350 vídeos, quase 2 milhões de inscritos e mais de 70 milhões de visualizações. Desde 2016, sua conta no *Twitter* ganhou quase 1 milhão de seguidores, e a turnê do seu livro em apoio ao seu best-seller internacional *12 Regras para a Vida* alcançou mais de 300 mil pessoas. Não só o *12 Regras para a Vida* vendeu mais de 3 milhões de cópias no seu primeiro ano, mas o seu sucesso fez com que o livro anterior de Peterson, *Mapas do Significado* – um enorme livro sobre psicoterapia – se tornasse subitamente um best-seller duas décadas depois de ter sido publicado[7].

---

6 Lott, Tim. "Jordan Peterson and the transgender wars", The Spectator, 20 de setembro de 2017, https://life.spectator.co.uk/articles/jordan-peterson-and-the-transgender-wars.

7 Peterson, Jordan B. *12 Regras para a Vida*. Rio de Janeiro: Alta Books, 2018; Peterson, Jordan B. *Mapas do Significado*. São Paulo: É Realizações, 2021.

Muitas razões podem ser dadas para a rápida ascensão e influência crescente de Peterson. Alguns notaram a preocupação genuína de Peterson com os indivíduos e com a sociedade como um todo, o que parece evidente nas suas palestras ao vivo e nos seus vídeos. Outros salientam que ele dominou a linguagem de um público específico – homens jovens –, ajudando-os a desenvolver confiança, a ordenar as suas vidas e a encontrar significado num mundo caótico e desorientador. Outros ainda destacam a forma como Peterson exorta e encoraja o seu público de tal modo que poderia ser esperado de um pastor ou de um padre, mas que passa despercebido, por assim dizer, porque ele é um cientista social, e não um líder religioso.

É certo que cada um desses fatores desempenha um papel no apelo de Peterson. No entanto, mais do que tudo, a sua ascensão – e capacidade de estabelecer ligações – deve-se à forma como ele responde a um determinado conjunto de condições inerentes à nossa era secular.

MAPEANDO NOSSA ERA SECULAR

Antes do alvorecer do século XX, Friedrich Nietzsche (1844-1900) profetizou a morte de Deus, pelo que ele queria dizer que os europeus cultos do seu tempo tinham deixado de acreditar em Deus de qualquer forma significativa. Em meados do século, o grande teólogo alemão Dietrich Bonhoeffer (1906-1945) confirmou a profecia de Nietzsche, falando da Europa como um "mundo que atingiu a maioridade", pelo que ele se referia a uma civilização europeia que tinha aprendido a gerir a vida sem referência a Deus[8]. Durante as décadas que se seguiram, vários analistas culturais exploraram as raízes e os frutos da secularidade ocidental, diagnosticando os seus males e oferecendo prognósticos para o futuro. Quatro desses analistas – Philip Rieff (1922-2006), Charles Taylor (1931-), George Steiner (1929-2020) e Augusto Del Noce (1910-1989) – fornecem mapas únicos da nossa era. Tomados em conjunto,

---

8 Bonhoeffer, Dietrich. *Letters and Papers from Prison*, ed. John W. De Gruchy, trans. Isabel Best et al., Bonhoeffer, Dietrich. *Works 8*. Mineápolis: Fortress, 2010, 450.

esses mapas ajudam a explicar o apelo intuitivo e poderoso que Jordan Peterson tem para muitos jovens no Ocidente hoje.

O MAPA CULTURAL DE PHILIP RIEFF

Philip Rieff foi um sociólogo judeu-americano cujo corpus[9] fornece um mapeamento cultural da nossa era secular. Rieff, um prodígio a quem foi oferecido um cargo docente na Universidade de Chicago antes de concluir seu bacharelado, foi rapidamente reconhecido como o decano dos estudos freudianos durante uma era definida pela terapia e pela mudança cultural. Em *A Mente do Moralista* (1959) e *O Triunfo da Terapêutica* (1966), Rieff expõe sua visão de Freud (1856-1939) como o cientista social mais significativo do século XX e como uma importante figura cultural que deu origem ao "homem psicológico".

Como explica Rieff, Freud notou a proliferação de neuroses no homem ocidental e percebeu que elas eram causadas pela dificuldade das pessoas modernas em encontrar significado e propósito em suas vidas. As formas pré-modernas de autoridade anteriormente forneceram uma matriz de significado e um código normativo de moralidade, mas essas autoridades estavam se desintegrando. Deus estava morrendo, e a psique humana estava sofrendo com isso. Mas Freud não estava interessado em retornar à autoridade religiosa para curar as neuroses. Em vez disso, ele queria que a psicanálise ajudasse a humanidade a viver de forma autônoma, sem Deus ou religião.

Perto do final da carreira de Rieff, ele publicou sua obra-prima, a trilogia "Sacred Order/Social Order" – *My Life among the Deathworks*; *The Crisis of the Officer Class*; e *The Jew of Culture*[10,11]. Esses volumes refletiam

---

9 Coleção completa de obras. (N. T.)

10 Em tradução livre: "Ordem Sagrada/Ordem Social – Minha Vida entre as Obras de Morte", "A Crise da Classe Oficial" e "O Judeu da Cultura". (N. T.)

11 Rieff, Philip. *My Life among the Deathworks: Illustrations of the Aesthetics of Authority*, ed. Kenneth S. Piver, *Sacred Order/Social Order 1*. Charlottesville: University of Virginia Press, 2006; Rieff, Philip. *The Crisis of the Officer Class: The Decline of the Tragic Sensibility*, ed. Alan Woolfolk, *Sacred Order/Social Order 2*; Rieff, Philip. *The Jew of Culture: Freud, Moses, and Modernity*, ed. Arnold M. Eisen and Gideon Lewis-Kraus, *Sacred Order/Social Order 3*. Charlottesville: University of Virginia Press, 2008.

o pensamento maduro de Rieff sobre a experiência ocidental – tão bem descrita por Nietzsche, Bonhoeffer e Freud – de despedir Deus do seu posto e viver de forma autônoma. No centro da sua análise e avaliação do Ocidente está o conceito de "obras de morte" culturais. Na concepção de Rieff, uma obra de morte é um produto ou instituição cultural que surge do solo de uma cultura, mas subverte essa cultura e os seus valores centrais. Ele escreve: "Por obra de morte quero dizer um ataque total a algo vital para a cultura estabelecida"[12]. Na opinião de Rieff, alguns dos arquitetos mais proeminentes das obras de morte foram Sigmund Freud, James Joyce (1882-1941), Pablo Picasso (1881-1973) e Robert Mapplethorpe (1946-1989).

No entanto, esses provedores de obras de morte eram apenas a vanguarda. Rieff argumenta que atualmente estamos experienciando uma explosão de obras de morte à medida que a ordem judaico-cristã se desintegra. Rieff escava a desintegração, referindo-se a ela como uma tentativa sem precedentes históricos por parte das elites culturais de separar a ordem social da ordem sagrada. A ordem sagrada, embora abstrata, torna-se tangível na cultura. E a cultura, por sua vez, sustenta a ordem social, servindo como uma "autoridade vertical" ou, como Rieff a chama jocosamente, uma *via*. Ele escreve: "Uma cultura é a autoridade vertical, aquele espaço entre a ordem sagrada e a ordem social que é o mundo feito pelos criadores do mundo"[13]. Em outras palavras, as culturas são mediadores que traduzem a ordem sagrada em ordem social. Uma sociedade é saudável à medida que tem um forte sentido de autoridade vertical. Sem ela, a cultura não pode cumprir a sua função; desprovida de ordem sagrada, a cultura causa decadência social.

Rieff argumenta que, no Ocidente, os agentes de poder cultural da elite tentaram tornar a ordem sagrada impotente, na esperança de que a ordem social cuidaria de si mesma[14]. Eles acham que a

12 Rieff, Philip. *Deathworks*, 7.

13 Rieff, Philip. *Deathworks*, 45.

14 Rieff, Philip. *Crisis*, 17-18.

sociedade pode viver de acordo com um novo conjunto de regras, ou um conjunto de regras em constante mudança, mas não permitirão que as regras surjam dentro de uma estrutura judaico-cristã[15]. Assim, muitas das obras culturais recentes do Ocidente são agentes de decadência social, servindo para transgredir, desmascarar e, caso contrário, subverter a própria ordem sagrada que deu saúde e força à cultura através dos tempos.

Segundo Rieff, o esforço terapêutico e ateísta para minar a ordem social necessariamente falhará. A religiosidade instintiva da humanidade "simplesmente não pode ser morta. [...] Nós simplesmente [...] não podemos viver como se a vida não tivesse sentido, sem propósito; como se a vida fosse meramente material, mecânica ou não espiritual"[16]. Além disso, esse projeto terapêutico de elite já está em colapso, à medida que o "longo período de desconversão [...] parece quase acabado"[17]. Desse modo, Rieff incita o Ocidente a uma nova era, uma que recupera o consenso judaico-cristão sobre o qual a nossa cultura se fortaleceu. No entanto, essa recuperação não pode ser uma mera evocação da religião pré-moderna, mas uma construção genuinamente contemporânea do monoteísmo para um mundo moderno.

O MAPA METAFÍSICO DE GEORGE STEINER

George Steiner (1929-2020) é um crítico literário e filósofo franco-americano cujo mapeamento metafísico da modernidade complementa o projeto de Rieff. Em *Real Presences*[18] (1989), Steiner critica Karl Marx (1818-1883), Sigmund Freud, Martin Heidegger (1889-1976) e outros, mas especialmente Jacques Derrida (1930-2004), por quebrarem o que ele chama de "pacto do Ocidente entre a Palavra

15 Rieff, Philip. *Deathworks*, 58.

16 Rieff, Philip. *Crisis*, 6.

17 Rieff, Philip. *Jew of Culture*, 80-81.

18 Em tradução livre, *Presenças Reais*. (N. T)

e o mundo". No cerne do programa de Derrida está a crença de que não pode haver nenhum significado fixo. Um texto escrito não pode, argumenta ele, comunicar um significado específico. Os textos podem produzir todos os tipos de significados – até mesmo significados que não foram pretendidos pelo autor – porque é da natureza de um texto ser cheio de contradições e ambiguidades. Em outras palavras, cada texto contém as sementes de sua própria destruição e, em última análise, da destruição do autor.

Steiner reconhece no programa de Derrida não apenas a morte do autor humano, mas também a morte do divino Autor-Criador, cuja palavra chamou o mundo à existência e cuja palavra assegura a possibilidade de significado. Derrida e outros desconstrucionistas removeram o "postulado do sagrado", de modo que há agora uma "ruptura com qualquer significado de significado estável e potencialmente determinável"[19]. Contra Derrida, Steiner argumenta que o significado é possível, mas apenas se postularmos a existência de Deus[20]. O discurso humano só pode ser subscrito por uma garantia teológica – a presença de Deus. Assim, ele exorta o Ocidente pós-moderno a "apostar na transcendência", a ler os textos como se Deus existisse, como se o significado fosse possível[21].

Em *Grammars of Creation* ["Gramáticas da Criação", em tradução livre], Steiner volta a sua atenção para Deus como o Autor da criação, argumentando que devemos rejeitar a rejeição moderna da palavra criativa de Deus. "Acredito que essa ruptura, esse vagalhão contra a palavra, seja mais severa e significativa do que qualquer outra na modernidade"[22]. Sem a palavra criativa de Deus, não há nada para financiar e moldar a criatividade humana.

---

19 Steiner, George. *Real Presences: Is There Anything in What We Say?*. Chicago, University of Chicago Press, 1989, 132.

20 Steiner, George., *Real Presences*, 120.

21 Steiner, George. *Real Presences*, 214-229.

22 Steiner, George. *Grammars of Creation*. New Haven: Yale University Press, 2002, 278.

> Suponhamos que um ateísmo genuíno venha a substituir o agnosticismo da "boca para fora"… agora inundado em nossa pós-modernidade. Suponhamos que o ateísmo venha a possuir e estimular aqueles que são mestres da forma articulada e construtores do pensamento. As suas obras vão rivalizar com as dimensões e com a força de persuasão transformadora que conhecemos? Qual seria a contrapartida ateísta para um afresco de Michelangelo ou para *Rei Lear*?[23]

Devemos, assim, rejeitar a tentativa de dessacralização que mina os empreendimentos humanos mais básicos, como a comunicação e a criatividade. Em vez disso, devemos repensar o mundo, apostando na transcendência e vivendo como se Deus existisse.

O MAPA METAFÍSICO DE AUGUSTO DEL NOCE

Augusto Del Noce foi um filósofo político italiano cuja dolorosa experiência de viver sob o fascismo o levou a explorar os efeitos corrosivos da secularização moderna tardia. É central no seu trabalho a tese de que a secularização do Ocidente deixou um vazio religioso agora preenchido pelo cientificismo e pelo erotismo – ideologias que perseguem a religião, enfraquecem as instituições culturais e deixam a porta aberta à política totalitária[24].

Del Noce argumenta que, à medida que o século XX se desenrolava, o cristianismo histórico perdia o controle sobre a imaginação da elite ocidental, e o cientificismo – a visão de que a ciência empírica é o único caminho racional para alcançar o conhecimento objetivo – avançava a fim de preencher o vazio. Como o único caminho racional, a ciência torna-se a principal autoridade cultural disponível para libertar-se do jugo da superstição religiosa. O cientificismo, na opinião

23 Steiner, George. *Grammars of Creation*, 338.

24 Para um resumo conciso da estrutura de pensamento de Del Noce, ver Bjørn Thomassen e Rosario Forlenza, *Christianity and Political Thought: Augusto Del Noce and the Ideology of Christian Democracy in Post-war Italy*, Journal of Political Ideologies 21, no. 2 (2016): 181–99. Ver, também, Carlo Lancellotti, *Augusto Del Noce on the New Totalitarianism*, Communio 44, no. 2 (2017): 323–33.

de Del Noce, é especialmente perigoso, porque é uma metafísica que esconde o fato de ser metafísica. Ele finge neutralidade e desloca o cristianismo da praça pública, ao mesmo tempo que introduz furtivamente a sua própria metafísica pela porta dos fundos[25].

O cientificismo persegue a religião de modo indireto, mas eficaz, ao privatizá-la. O cientificismo elimina o significado religioso e metafísico das instituições culturais, tornando-as meros instrumentos com o objetivo de satisfazer as necessidades materiais e psicológicas das pessoas. Uma vez que as instituições perdem a sua solidez e aura simbólica, o indivíduo fica isolado, encalhado sob o Estado. Com a religião assim enfraquecida e as instituições instrumentalizadas, a política não tem barreiras de proteção e fica livre para se intrometer em todos os aspectos da sociedade. O que a política pode fazer, observou Del Noce, ela *vai* fazer.

No que tange ao erotismo, Del Noce reconheceu que o verdadeiro motor da política emancipatória (progressista) é o sexo[26]. A Revolução Sexual é totalmente incompatível com a preservação do patrimônio cultural. Inerente a isso está um impulso para rever radicalmente e, em última análise, tornar impotentes as próprias instituições – sobretudo a Igreja e a família – que poderiam proteger o indivíduo das intromissões do Estado. A Revolução Sexual usa a liberdade como máscara para a sua intenção de destruir a religião e reduzir o ser humano a produtor e consumidor. Se o sexo puder ser despojado da sua dimensão religiosa e moral, poderá tornar-se uma mera transação, algo produzido e consumido, governado apenas pela consensualidade.

Juntos, o cientificismo e o erotismo criaram o que Del Noce chama de "totalitarismo da desintegração"[27]. O seu reinado provoca lentamente a decomposição da sociedade[28]. A política é absolutizada,

25 Del Noce, Augusto. *The Crisis of Modernity*, ed. e trans. Carlo Lancellotti. Montreal: McGill-Queen's University Press, 2014, 151–56.

26 Del Noce, Augusto. *Crisis of Modernity*, 157–86.

27 Del Noce, Augusto. *Crisis of Modernity*, 87–91, 189-246.

28 Del Noce, Augusto. *The Age of Secularization*, ed. and trans. Carlo Lancellotti. Montreal: McGill-Queen's University Press, 2017, 43–44.

tendo forçado a ética e a cultura a uma postura de submissão[29]. E com os quadros morais transcendentes e as instituições culturais assim castradas, o Estado raramente precisa de recorrer à coerção porque a revolução progressista destruiu as próprias realidades que poderiam transcender a política. Assim, a política emancipatória, com o seu totalitarismo de desintegração, faz-nos pensar que estamos sendo libertados, quando na verdade ela está nos escravizando e nos perseguindo nas profundezas do nosso ser[30].

Em resposta a essa realidade, Del Noce argumenta que os cristãos deveriam se basear no Evangelho e na tradição metafísica ocidental a fim de redirecionarem a modernidade para o seu fim mais verdadeiro e melhor – uma liberdade genuína, uma liberdade *das* restrições desnecessárias e para uma vida de virtude[31]. Assim, a Igreja deve evitar a tentação de se acomodar às ideologias modernas que corroem a religião pela sua própria natureza. Os cristãos deveriam resistir à tentação de agirem a partir de uma postura defensiva, de uma posição de fraqueza, e, em vez disso, recorrer aos recursos internos da Igreja a fim de servirem o bem público. Em particular, a comunidade cristã precisa de apresentar uma filosofia pública que reflita a dimensão religiosa.

O MAPA METAFÍSICO DE CHARLES TAYLOR

Charles Taylor é um filósofo canadense cujos escritos, como *Malaise of Modernity* ["Mal-Estar da Modernidade", em tradução livre] e *Uma Era Secular*, exploram a sensação existencial de viver no tipo de mundo

29 Del Noce, Augusto. *Age of Secularization*, 19–34.

30 Del Noce, Augusto. *Age of Secularization*, 232; Del Noce, *Crisis of Modernity*, 245. A visão de Del Noce aqui lembra o argumento de Neil Postman de que não era a visão de George Orwell do totalitarismo aberto em *1984* que mais deveria nos assustar. Em vez disso, o totalitarismo encoberto de Aldous Huxley em *Admirável Mundo Novo* é muito pernicioso, uma vez que faz com que as pessoas amem tanto os seus grilhões que é pouco provável que elas tentem se libertar deles. Postman, Neil. *Amusing Ourselves to Death: Public Discourse in the Age of Show Business.* Nova York: Penguin, 1985, vii.

31 Del Noce, Augusto. *The Age of Secularization*, 233–35.

que Rieff, Steiner e Del Noce descreveram[32]. No Ocidente moderno tardio, argumenta Taylor, as pessoas imaginam e administram a vida a partir da "estrutura imanente", sem nenhuma referência real ao transcendente. Mas, dentro de uma estrutura exclusivamente imanente, uma pessoa não pode encontrar consolo em ter um propósito divino ou um significado transcendente. A vida não tem sentido de mistério, e não há sabedoria superior da qual se extrair. Não há revelação divina, nem necessidade de graça, nem possibilidade de transformação pessoal. Se Deus está morto, nós intuitivamente sabemos que nada importa. E esse é um fardo pesado demais para suportarmos.

Na era secular em que vivemos agora, o cristianismo não foi apenas deslocado da posição padrão; foi também contestado por inúmeras religiões, ideologias e jeitos de ver a vida. Não só o cristianismo não parece implausível e até inimaginável para pessoas não religiosas ou de outras religiões, mas todas as pessoas – tanto religiosas como descrentes – têm dificuldade em acreditar naquilo que dizem acreditar[33]. Como resumi em outro local,

> Esse novo contexto traz consigo uma nova "impressão" em que tanto os teístas como os não teístas são assombrados pela dúvida. Dentro do quadro imanente, procuramos significado e encontramos uma explosão de diferentes opções. Como consequência, ficamos "fragilizados"; cercados de opções concorrentes próximas de nós, falta-nos confiança nas nossas próprias crenças. Estamos sob "pressão cruzada"; presos entre o desencanto moderno do mundo e a assombração da transcendência, encontramo-nos numa inquietação perpétua[34].

---

32 Taylor, Charles. *Malaise of Modernity*. Toronto: House of Anansi Press, 1991; Taylor, Charles. *A Secular Age*. Cambridge, MA: Belknap Press of Harvard University Press, 2007.

33 Taylor, Charles. *A Secular Age*, 83.

34 Ashford, Bruce Riley. *Tayloring Christian Politics in Our Secular Age*. Themelios, vol. 42, no. 3, 2017, 447.

Esse é o mal-estar único da modernidade. Fragmentada e radicalmente pluralizada, a nossa ordem social carece de qualquer ordem real, e os indivíduos carecem da confiança nas nossas próprias convicções.

Taylor, um católico, exorta os cristãos a evitarem tentar provar a verdade do cristianismo numa era secular. O nosso tempo seria mais bem gasto trabalhando para minar a confiança dos nossos vizinhos na visão secular do mundo e encorajando-os a estarem abertos à transcendência. Afinal, o quadro de referência imanente é totalmente antinatural e é uma fonte gravemente inadequada de significado e moralidade, deixando os nossos vizinhos seculares famintos de transcendência[35]. Assim, à medida que os nossos vizinhos perdem a confiança na visão secular, podemos oferecer o cristianismo como essencial para a identidade pessoal e a ordem social.

NOSSA ERA SECULAR

Tomados em conjunto, esses quatro mapas complementares retratam a nossa era secular como uma época em que o Ocidente – e sobretudo as suas elites – cortou a ligação entre a ordem sagrada e a ordem social, deixando esta última flutuar por conta própria. Tendo assim repudiado a teologia e a metafísica que historicamente moldaram a cultura e a sociedade, o caos se seguiu. Somos deixados metafisicamente sozinhos neste mundo, experimentando a vida dentro de um quadro de referência exclusivamente imanente, nossas vidas desprovidas do significado dado por Deus ou de normas transcendentes. À medida que a estrutura judaico-cristã se desintegra, as ideologias e abordagens seculares apressam-se para preencher o vazio.

Em resposta a essa dessacralização, esses quatro autores oferecem caminhos distintos, embora complementares, para fora da nossa insanidade social. Rieff e Del Noce enfatizam que não devemos nos desesperar; embora o secularismo caótico esteja em ascensão, há

35 Taylor, Charles. *A Secular Age*, 595.

fissuras nas fundações, e em breve o edifício entrará em colapso. Cada um, à sua maneira, encoraja os crentes religiosos a não se acomodarem ao projeto moderno falido, mas antes a recorrerem aos recursos internos das suas comunidades religiosas a fim de ajudarem a sua sociedade a avançar através e para além da modernidade tardia. As comunidades religiosas devem liderar o caminho para reencantar o mundo, recuperar a noção de transcendência e recuperar a beleza do "farás" e do "não farás".

Rieff e Taylor encorajam as comunidades religiosas a minarem a confiança da sociedade na visão secular e na interpretação da realidade; assim desconcertados, os vizinhos seculares podem estar abertos à transcendência. Taylor exorta sobretudo os crentes a evitarem a confiança presunçosa e a condescendência da sua era secular e, em vez disso, a envolverem-se num programa de reencantamento com confiança humilde e preocupação genuína. Cada um desses quatro pensadores, mas especialmente Steiner, instrui-nos a "apostar na transcendência", a viver como se Deus existisse[36].

EXPLICANDO O APELO DE PETERSON AO MAPEAR SUA RESPOSTA AO CAOS DE NOSSA ERA SECULAR

É nesse cenário que Jordan Peterson entra em cena. E embora existam muitas razões para a sua popularidade – o seu status como psicólogo secular, a sua resposta a certos movimentos sociais controversos e questões políticas, a sua capacidade de envolver grandes audiências de forma significativa e com preocupação genuína pelo seu bem-estar –, o seu principal apelo reside no fato de que ele, como Rieff, Steiner, Del Noce e Taylor, desmascarou a modernidade secular. E mais, ele articulou uma proposta sobre como superá-la. De forma substancial, Peterson está assumindo o desafio articulado pelos nossos

36 Steiner, George. *Real Presences*, 214, 229.

quatro pensadores: o desafio de ressacralizar o Ocidente, de rever o cristianismo e de redirecionar o ensino cristão para os povos ocidentais apanhados no mal-estar da modernidade.

TRAZENDO ORDEM AO CAOS

Tal como os nossos quatro pensadores, Peterson reconhece que muitos dos agentes de poder do Ocidente, em consonância com ativistas sociais e políticos, estão empenhados numa tentativa de acabar com a ordem moral cristã, enfraquecendo-a e minando a sua credibilidade. Mas as praças públicas nunca ficam desprovidas de enquadramentos religiosos ou ideológicos; assim, à medida que o cristianismo está sendo descentralizado, múltiplas ideologias – como o progressismo secular, o socialismo e a direita alternativa – estão se movendo da periferia para o centro. Além disso, argumenta Peterson, as ideologias revolucionárias colhem consequências não intencionais e, por vezes, devastadoras, e, portanto, o Ocidente deveria rejeitar o impulso revolucionário e reavivar a cosmovisão judaico-cristã como forma de trazer ordem ao caos[37].

Uma das consequências negativas da descentralização do cristianismo é que os indivíduos carecem de qualquer sentido de significado ou importância transcendente para as suas vidas. Na regra 2 do *12 Regras para a Vida*, "Cuide de si mesmo como cuidaria de alguém sob sua responsabilidade", Peterson enfatiza essa necessidade sentida, exortando seus leitores a assumirem a responsabilidade por si mesmos e pelo mundo ao seu redor, tornando o mundo um pouco mais como o céu e um pouco menos como o inferno. "Isso lhe daria um

37 Já em 2011, antes da sua ascensão à popularidade generalizada, Peterson exortava o público a trazer ordem ao caos. Consideremos, por exemplo, a palestra TEDx que ele proferiu na Universidade de Toronto naquele ano. Nela, ele argumentou que o bem da humanidade é a ordem forjada a partir do caos. A razão pela qual as sociedades têm normas é porque elas precisam de ordem. A liberdade humana não é um bem absoluto, e não é o bem maior. Deve ser exercida dentro de, e limitada por, um quadro normativo de certos e errados. TedX Talks, "TedXToronto—Dr. Jordan B. Peterson—Redefining Reality", vídeo do YouTube, 10:47, 14 de novembro de 2011, https:// www.youtube.com/watch?v=WOgSqHtTtHY.

Significado, com S maiúsculo", escreve Peterson. "Isso justificaria sua existência infeliz. Isso expiaria a sua natureza pecaminosa e substituiria a sua vergonha e autoconsciência pelo orgulho natural e pela confiança direta de alguém que aprendeu mais uma vez a andar com Deus no jardim"[38].

Da mesma forma, na regra 12, "Acaricie um gato ao encontrar um na rua", Peterson incentiva os leitores a encontrarem significado em suas vidas, não pela busca do prazer, mas por localizarem as suas vidas no meio da história bíblica do mundo. A história cristã da criação, queda e redenção, argumenta Peterson, como outras narrativas religiosas, na medida em que representa uma tentativa milenar dos nossos antepassados, deve fornecer respostas sofisticadas às questões mais sérias da vida:

> [Os seres humanos] inventaram o ritual. Começamos a representar nossas próprias experiências. Depois começamos a contar histórias. Codificamos nossas observações de nosso próprio drama nessas histórias. Dessa forma, as informações que inicialmente estavam incorporadas apenas em nosso comportamento passaram a ser representadas em nossas histórias. Mas não entendemos, e ainda não entendemos, o que tudo isso significa. A narrativa bíblica do Paraíso e da Queda é uma dessas histórias, fabricada pela nossa imaginação coletiva, trabalhando ao longo dos séculos[39].

Com base na narrativa bíblica, podemos apropriar-nos da sabedoria herdada dos nossos antepassados, uma sabedoria que ordena as nossas vidas e nos ensina a adiar a gratificação, a viver virtuosamente, a construir a sociedade e a florescer.

---

38 Peterson, Jordan B. *12 Rules*, 63–64.

39 Peterson, Jordan B. *12 Rules*, 163. Para leitores interessados em uma palestra longa de Peterson sobre este tópico, o vídeo a seguir é exemplar: How To Academy, "Jordan B. Peterson on 12 Rules for Life," vídeo do YouTube, 1:30:32, 16 de janeiro de 2018, https:// www.youtube.com/watch?v=-5RCmu-HuTg.

REJEITANDO SOLUÇÕES TOTALIZANTES

Ao longo de seus escritos, Peterson alerta para os perigos inerentes às revoluções sociais. Na regra 8, "Diga a verdade. Ou, pelo menos, não minta", Peterson exorta os seus leitores a viverem na verdade, em vez de sucumbirem à tentação de abraçarem as "mentiras da vida". Muitos dos patriarcas das ciências sociais, como Viktor Frankl (1905-1997), Sigmund Freud, Alfred Adler (1870-1937) e Carl Jung (1875-1961), estavam "centralmente preocupados com a patologia tanto individual como cultural, [e] chegaram à mesma conclusão: as mentiras distorcem a estrutura do Ser. A mentira corrompe tanto a alma como o Estado, e uma forma de corrupção alimenta a outra"[40]. Mesmo mentiras inocentes, argumenta Peterson, podem eventualmente fomentar uma grande crise.

Ele ilustra o problema recorrendo à análise de Aleksandr Solzhenitsyn (1918-2008) sobre a União Soviética. Como Solzhenitsyn percebeu, havia uma conexão direta entre a propensão dos cidadãos soviéticos a "falsificarem [sua] própria experiência cotidiana [e] negarem [seu] próprio sofrimento induzido pelo Estado" e a capacidade do Estado soviético de escapar impune à tirania e assassinato em massa[41]. O Estado podia reter o poder e a credibilidade, porque o povo aprendeu a aceitar pequenas mentiras e acabou se dispondo a aceitar as grandes.

Peterson vê um perigo semelhante no Ocidente do século XXI, argumentando que as ideologias políticas modernas podem reivindicar para si uma espécie de verdade final que as obriga a negar quaisquer fatos que possam refutar essa finalidade:

> A maior tentação da faculdade racional é glorificar a sua própria capacidade e as suas próprias produções e afirmar, face às suas teorias, que nada de transcendente ou fora do seu domínio

40 Peterson, Jordan B. *12 Rules*, 215.

41 Peterson, Jordan B. *12 Rules*, 215.

> precisa existir. Isso significa que todos os fatos importantes foram descobertos. Isso significa que nada importante permanece desconhecido. Mas o mais importante é que significa a negação da necessidade de um confronto individual corajoso com o Ser. [...] Essa negação é o significado da rebelião contra "o Altíssimo". É isso o que significa *totalitarismo*: tudo o que precisa de ser descoberto foi descoberto[42].

Vemos esse impulso totalitário mais vividamente, argumenta Peterson, nos departamentos de ciências humanas das universidades ocidentais, muitos dos quais foram tomados pelo humanismo marxista. O resultado é que todas as diferenças são consideradas o resultado do poder, e o poder é a única forma de superar as diferenças para alcançar a igualdade[43]. O marxismo é inerentemente totalizante e, de fato, muitas dessas universidades têm como objetivo explícito derrubar de forma abrangente a cultura que deu origem a elas. Assim, deveríamos resistir ao humanismo marxista e à demolição da nossa cultura.

ADOTANDO O MÁXIMO DE RESPONSABILIDADE POSSÍVEL

Ao resistir às várias ideologias que procuram preencher o crescente vazio deixado pela descentralização do cristianismo, Peterson exorta os indivíduos a adotarem tanta responsabilidade quanto conseguirem[44]. Esse apelo à responsabilidade pessoal é um dos principais fios entrelaçados nas *12 Regras*. Não é por acaso que Peterson inicia com a regra 1, "Costas eretas, ombros para trás". Ele quer dizer isso literal e figurativamente. Por exemplo, ele descreve como as lagostas habitam uma hierarquia de dominância na qual sinais de

42 Peterson, Jordan B. *12 Rules*, 218.

43 Peterson, Jordan B. *12 Rules*, 310-11.

44 Peterson, Jordan B. *12 Rules*, xxiii.

postura (por exemplo, curvar-se, pavonear-se) sinalizam para outras lagostas seu status percebido na hierarquia. Peterson argumenta que os humanos fazem a mesma coisa: a hierarquia é inerente às nossas sociedades, e os sinais de postura humana sinalizam o nosso status para os outros.

O que é verdadeiro fisicamente também é verdadeiro social e espiritualmente. Devemos reconhecer que somos seres espirituais cujas vidas deveriam refletir esse significado. Nosso status metafísico exige que nos levantemos, que voluntariamente aceitemos o fardo do Ser e determinemos enfrentar a vida de frente, de uma maneira que agrade a Deus[45]. Mesmo – e especialmente – quando estamos sofrendo, devemos fazer um balanço e nos reorientar[46].

> Quando as coisas desmoronam e o caos ressurge, podemos estruturá-lo e restabelecer a ordem por meio da nossa fala. Se falarmos com cuidado e precisão, podemos resolver as coisas e colocá-las no seu devido lugar, definir um novo objetivo e navegar até ele – muitas vezes, em comunidade, se negociarmos; se chegarmos a um consenso. Se falarmos de forma descuidada e imprecisa, porém, as coisas permanecem vagas. O destino permanece não anunciado. A névoa da incerteza não se dissipa e não há negociação no mundo[47].

Cabe a nós restabelecermos a ordem em meio ao caos, o que nos leva à regra 6 de Peterson: "Deixe sua casa em perfeita ordem antes de criticar o mundo". Independentemente das circunstâncias que herdamos, devemos parar de transferir a culpa, de dar desculpas ou de nos tornarmos cínicos. Em vez disso, deveríamos organizar as nossas próprias vidas, parar de fazer o que é errado e começar a fazer o que é certo[48].

---

45 Peterson, Jordan B. *12 Rules*, 27.

46 Peterson, Jordan B. *12 Rules*, 99.

47 Peterson, Jordan B. *12 Rules*, 278.

48 Peterson, Jordan B. *12 Rules*, 157-59

REVISANDO A RELIGIÃO E RECUPERANDO A ORDEM SOCIAL

Já deveria estar claro por agora que as exortações de Peterson agradam muito aos cristãos. Por meio dos seus livros best-sellers e palestras lotadas, Peterson cativou a atenção da nossa era secular, chamando a atenção para a Bíblia e para a tradição cristã, ao mesmo tempo que exorta os seus leitores não só a ordenarem as suas vidas pessoais, mas também a ajudarem a recuperar a ordem no âmbito social. Mas o cristianismo de Peterson não é do tipo histórico e ortodoxo. É um cristianismo *revisto* para a nossa era secular moderna.

Por exemplo, Peterson reconhece a Bíblia como o documento fundador da civilização ocidental, mas vê a origem e durabilidade da Bíblia em categorias junguianas e darwinianas:

> A Bíblia é, para o bem ou para o mal, o documento fundamental da civilização ocidental (dos valores ocidentais, da moralidade ocidental e das concepções ocidentais do bem e do mal). É o produto de processos que permanecem fundamentalmente além da nossa compreensão. A Bíblia é uma biblioteca composta de muitos livros, cada um escrito e editado por muitas pessoas. É um documento verdadeiramente emergente – uma história selecionada, sequenciada e, por fim, coerente, escrita por ninguém e por todos ao longo de milhares de anos. A Bíblia foi erguida das profundezas pela imaginação humana coletiva, que é ela própria o produto de forças inimagináveis que operam ao longo de períodos de tempo insondáveis. Seu estudo cuidadoso e respeitoso pode nos revelar coisas a respeito do que acreditamos e de como agimos e como devemos agir, as quais não podem ser descobertas em quase nenhum outro assunto[49].

Da mesma forma, embora ele reconheça o ensino do Novo Testamento como vital para o crescimento e a saúde do Ocidente, ele se recusa a confirmar a sua verdade. Pelo contrário, a ética do Novo Testamento

49 Peterson, Jordan B. *12 Rules*, 104.

é, para Peterson, útil. Ele escreve que seguir o seu ensinamento é "visar a Melhoria do Ser com 'M' maiúsculo e 'S' maiúsculo"[50]. Esse é um objetivo que vale a pena, mas dificilmente é um resumo preciso do que a Bíblia tem a dizer sobre a maneira como ordenamos nossas vidas. Aderir aos imperativos cristãos na nossa era moderna deve significar mais do que melhorar o nosso ser. Deve significar acreditar em Deus como se ele realmente existisse e tratar a Bíblia como se ela fosse realmente verdadeira[51].

Considere a maneira como Peterson emprega o raciocínio bíblico na regra 2 para exortar seus leitores a cultivarem o respeito próprio. Ele começa apontando que a antiga cosmovisão se reduz a uma tensão insolúvel, mas necessária, entre o Caos e a Ordem. O relato bíblico da criação, afirma ele, é uma iteração da antiga cosmovisão. Deve ser visto por intermédio das lentes da psicologia evolucionista como uma narrativa que dá conta da autoconsciência moral. Assim como Adão não estava disposto – como refletido em sua vergonha e ocultação – a andar com Deus, nós também sentimos vergonha e compartilhamos uma aversão a andar com Deus.

A solução para essa vergonha, argumenta Peterson, é rastrear a curva redentora da Bíblia na direção ao Novo Testamento, em que nos damos conta de que Cristo incorpora o caminho a seguir, revelando-nos o caminho do autossacrifício virtuoso, da aceitação da finitude e da perseverança heroica no difícil caminho do sofrimento. Em vez de nos vitimizarmos, assumimos a responsabilidade e seguimos em frente[52].

Na interpretação que Peterson faz da narrativa bíblica, o ato final de responsabilidade é viver como Jesus viveu, superar os tipos de tentações que Jesus enfrentou no deserto, livrar-se do desejo de poder terreno. Em vez de procurarmos um reino terreno – um reino em que "controlamos e ordenamos tudo e todos" –, deveríamos procurar estabelecer o reino de Deus na terra:

---

50 Peterson, Jordan B. *12 Rules*, 106.

51 Considere este breve vídeo de Peterson falando sobre como o temor de Deus é o começo da sabedoria: Bite-Sized Philosophy, "Jordan Peterson – The Fear of God Is the Beginning of Wisdom," vídeo do YouTube, 4:39, 16 de outubro de 2017, https:// www.youtube.com/watch?v=b_gG8_z9wVo.

52 Peterson, Jordan B. *12 Rules*, 45-64.

> Há um poderoso chamado para o Ser correto na história da terceira tentação. Para obter o maior prêmio possível – o estabelecimento do Reino de Deus na Terra, a ressurreição do Paraíso –, o indivíduo deve conduzir a sua vida de uma forma que exija a rejeição da gratificação imediata, tanto dos desejos naturais como dos perversos, não importa quão poderosa, convincente e realisticamente eles sejam oferecidos, e também dispense as tentações do mal[53].

Na verdade, o estabelecimento do reino de Deus exige que atuemos como os seres espirituais que somos, que atuemos como se quiséssemos agradar a Deus[54]. Ao fazê-lo, as nossas vidas pessoais adquirem significado, e a nossa sociedade adquire um sistema de valores que nos aponta para uma ordem superior, estabiliza-nos e nos faz florescer[55].

Ainda não se sabe se tal projeto pode ser mantido. Mas o leitor atento reconhecerá que essa abordagem à ética bíblica omite frequentemente temas ortodoxos centrais – tais como a necessidade da morte expiatória de Cristo e a natureza corporal da sua ressurreição – ao mesmo tempo que importa categorias psicológicas não amigáveis à ortodoxia.

JORDAN PETERSON É O SUMO SACERDOTE DE QUE PRECISAMOS?

Peterson fala como um cientista social. Na nossa era secular, isso é a mesma coisa que falar como um sumo sacerdote. Numa época em que a autoridade religiosa foi diminuída e descentralizada, as ciências sociais passaram para o centro. Economistas, antropólogos, sociólogos, psicólogos – todos utilizam dados concretos para tirar as suas conclusões sobre o ser humano e a identidade pessoal. Como

53 Peterson, Jordan B. *12 Rules*, 184.

54 Peterson, Jordan B. *12 Rules*, 27.

55 Peterson, Jordan B. *12 Rules*, 102.

psicoterapeuta, Peterson é recebido como uma espécie de sumo sacerdote cujos ensinamentos para a vida combinam a autoridade cultural das ciências sociais com o apelo espiritual das sugestões religiosas.

A disposição de Peterson contribui para essa mística. Numerosas análises do apelo de Peterson apontam para a sua propensão para ouvir com profundidade, para a sua capacidade de compreender o outro. Ele demonstra a sua capacidade de ouvir não apenas no âmbito social – como evidenciado pela sua compreensão da lógica interna e do apelo da política identitária interseccional marxista –, mas também em âmbito interpessoal. A educação e a experiência de Peterson como psicoterapeuta fomentaram nele a capacidade de ouvir, de solidarizar-se e de se comunicar com outras pessoas de uma forma que cultiva o respeito e o diálogo genuínos[56]. (Embora Peterson seja um professor de psicologia na Universidade de Toronto que publicou mais de cem artigos científicos em sua área, ele – ao contrário da maioria dos professores efetivos de psicologia em universidades de pesquisa – manteve uma prática clínica ativa, atendendo até vinte pacientes por semana.) Na verdade, não é incomum que os críticos observem que a abordagem de Peterson se assemelha à de um profeta religioso, sacerdote ou pastor[57].

56 Considere este vídeo de uma entrevista na Holanda, em que Peterson fica emocionado ao falar sobre testemunhos do público. Não é incomum que Peterson fique emocionado durante sessões de perguntas e respostas com pessoas que estão sofrendo ou quando descreve o sofrimento de outras pessoas: Irishfiddle101, "The Individual", vídeo do YouTube, 5:09, 3 de novembro de 2018, https:// www.youtube.com/watch?v=6VBeGixIFy8&.

57 Considere os seguintes exemplos: Alastair Roberts, entrevista com John Piper, "What Can We Learn from the Jordan Peterson Phenomenon?", Ask Pastor John (podcast), Desiring God, 13 de Agosto de 2018, https://www.desiringgod.org/interviews/what-can-we-learn-from-the-jordan-peterson-phenomenon; Amanda Gleaves, "Is Dr. Jordan Peterson a Post-modern Messiah?", Medium, 14 de outubro de 2018, https:// medium.com/@amandalouisegleaves/is-dr-jordan-peterson-a-post-modern-messiah-1f703631a-f0b; Matthew Schmitz, "Jordan Peterson, Unlikely Guru", First Things, abril de 2018, https://www.firstthings.com/article/2018/04/jordanpeterson-unlikely-guru; https://www.catholicworldreport.com/2018/01/30/jordanpeterson-is-a-prophet-and-a-problem-for-progressives/; Anne Hendershott, "Jordan Peterson Is a Prophet—and a Problem for Progressives", Catholic World Report, 30 de janeiro de 2018, Tara Isabella Burton, "The Religious Hunger That Drives Jordan Peterson's Fandom," Vox, 1º de junho de 2018, https://www.vox.com/2018/6/1/17396182/jordan-peterson-alt-right-religion-catholicism.

Assim, não é surpreendente descobrir que Peterson é popular entre os homens conservadores de vinte e poucos anos e outros rejeitados insatisfeitos com a modernidade secular. Essas são as pessoas que anseiam pela segurança do significado e da importância e parecem sentir que Peterson a encontrou. Consideremos a cena de março de 2019, numa grande universidade cristã, onde o discurso de convocação de Peterson foi interrompido por um jovem desesperado por ajuda e para "conhecer [Peterson] melhor"[58]. Sabemos pouco sobre o passado do jovem, mas o seu desespero e a esperança que atribui a Peterson ilustram bem a angústia daqueles que estão inundados pela modernidade. Da mesma forma, Peterson, colocando uma mão reconfortante sobre o homem enquanto o capelão da universidade ora por ele, revela um cuidado pastoral genuíno, condizente com o papel para o qual foi escalado[59].

Para seu crédito, o incentivo de Peterson aos ocidentais para viverem *como se* existisse um significado transcendente, e a sua declaração de que tal transcendência encontra a sua maior expressão na tradição judaico-cristã, é um antídoto poderoso para o caos da modernidade secular. Viver como se as verdades transcendentes, de fato, existissem é fornecer um suporte existencial tangível contra o deslizamento da nossa cultura para a confusão, o desespero e o niilismo. Na verdade, como cristãos, podemos afirmar que viver *como se* Deus existisse pode resultar em benefícios líquidos para a sociedade, pois pode levar os indivíduos na direção da fé real e pode, ainda que superficialmente, manter o caos sob controle, a fim de permitir que instituições sociais, como igrejas ou universidades cristãs, floresçam.

No entanto, há também um perigo nisso, pois os indivíduos podem facilmente depositar a sua fé no poder da própria religião civil e nunca irem além da crença pessoal no próprio Deus, o qual fornece o

58 James Park, "Jordan Peterson Liberty University Incident", vídeo do YouTube, 1:27, 31 de março de 2019, https://youtu.be/oCVck7bIbBI.

59 Esther O'Reilly, "Jordan Peterson, and the New Chivalry", Quillette, 12 de abril de 2019, https://quillette.com/2019/04/12/jordan-peterson-and-the-new-chivalry/.

significado transcendente e é o único que fundamenta a ordem social. Nesse sentido, a solução de Peterson é intangível. Metafisicamente, é pouco mais que um banquete de gelo picado e vapor. Viver *como se* Deus existisse pode temporariamente trazer alguma ordem ao caos, mas pode, no final, não resolver o problema. Peterson quer que vivamos genuinamente como se Deus existisse, porque ele compreende bem as consequências desastrosas da dessacralização. Mas de que serve a "autoridade vertical" de Rieff se o que está acima de nós é apenas uma projeção concebida pelos antigos, uma invenção evolutivamente útil da imaginação? Como sumo sacerdote dos valores ocidentais tradicionais, o templo de Peterson, em última análise, não é menos vazio do que os secularistas contra os quais ele profetiza. Baseando-se na terminologia de Taylor, Peterson parece achar o ensinamento cristão histórico bastante implausível.

Em última análise, Peterson está certo sobre muitas coisas, mas, do ponto de vista cristão, nem sempre pelas razões certas. Na verdade, não podemos viver de forma significativa sem que o significado tenha sido concedido de cima. A própria razão pela qual a crença em Deus é um bem pessoal e social não é porque a crença em si vale alguma coisa, mas porque realmente existe um Deus que criou o mundo e lhe dotou de significado e importância.

Para os cristãos, portanto, o encorajamento que devemos obter do exemplo de Peterson não é, antes de mais nada, que ele tenha conselhos que devamos seguir. Em vez disso, a sua ascensão meteórica é a prova de que muitos dos nossos vizinhos seculares ou nominalmente cristãos estão vivendo um momento em que a sua fome de transcendência é evidente. As palestras lotadas de Peterson, os livros nas listas dos mais vendidos e as estatísticas gigantescas das redes sociais são provas de que os nossos vizinhos estão a reconhecer o mal-estar da nossa era secular e estão, ao que parece, dispostos a viver *como se* Deus existisse e a narrativa bíblica fosse miticamente verdadeira. Mas, como ensinam as Escrituras, se Cristo realmente não ressuscitou, então o nosso *como se* é inútil (1Coríntios 15,17). Isso proporciona aos cristãos uma oportunidade de ouro para ficarem com as costas eretas e com os ombros para trás, estendendo aos nossos vizinhos as boas novas "de que Cristo morreu pelos nossos pecados, segundo as Escrituras, e que foi sepultado, e que ressuscitou ao terceiro dia", segundo as Escrituras (1Coríntios 15,3-4 NASB[60]). Ele *ressuscitou* e *ele* é o sumo sacerdote de que tão desesperadamente precisamos (Hebreus 4,14-16).

60 NASB é sigla para New American Standard Bible ["Nova Bíblia Padrão Americano", em tradução livre]. (N. T.)

CAPÍTULO 2

Jordan Peterson, o Contrarrevolucionário: Neomarxismo Pós-moderno e o Sofrimento

Hunter Baker

No romance *The Silent Corner* ["A Esquina Silenciosa", em tradução livre], de Dean Koontz, a protagonista feminina fala a respeito do seu filhinho e do tipo de mundo no qual ela espera que ele possa viver e crescer: "Quero para ele um mundo onde as pessoas signifiquem mais do que ideias. Nada de suásticas, nada de foices e martelos, nada de curvar-se a teorias desumanas que resultam em dezenas de milhões de mortos"[61].

O psicólogo canadense e fenômeno da mídia social Jordan Peterson expressou suas próprias convicções em termos quase idênticos. Ele recorda as grandes ameaças totalitárias à liberdade e ao florescimento humanos que provocaram níveis catastróficos de morte e escravidão aos que estavam sob o seu domínio num período relativamente curto, e faz referência a elas com frequência.

A sua visão do totalitarismo é mais holística do que a das gerações mais jovens. Enquanto Hitler (1889-1945) e os seus nacional-socialistas absorvem a maior parte da culpa na imaginação popular de hoje, Peterson aponta incansavelmente para os legados cruéis do

61 Koontz, Dean. *The Silent Corner.* Nova York: Bantam, 2017, 221.

líder comunista soviético Josef Stálin (1878-1953) e do seu homólogo chinês Mao Tsé-Tung (1893-1976)[62]. Ele insiste na equivalência moral dos comunistas da Rússia, China, Camboja, Cuba e Coreia do Norte, e os nacional-socialistas da Alemanha. Embora alguns desculpem o primeiro grupo por ter melhores intenções – eles procuravam a libertação econômica da humanidade em oposição à visão racista de Hitler –, Peterson acredita que os comunistas perderam a sua autoridade moral quando o fruto da sua ideologia começou a ser evidente e a contagem de corpos cresceu exponencialmente. Na sua perspectiva, aqueles que não conseguem ver a natureza "assassina" dos regimes comunistas demonstram uma ignorância a respeito da história que é "uma espécie de milagre"[63]. Na sequência da passagem das macrotragédias da autoria de Hitler, Stálin e Mao, Peterson aponta para a falta de liberdade contemporânea na Coreia do Norte e para a lenta fome dos venezuelanos, à medida que o seu governo recorre a intervenções cada vez mais dramáticas, com eficácia cada vez menor. Há uma espécie de prudência que deveria surgir agora que "passamos pela a experiência"[64].

Por si só, o foco de Peterson em manter a crítica do lado comunista do desastre comunista/nacional-socialista do século XX é importante. Não há dúvida de que a nossa memória histórica popular é forte em relação a Hitler e fraca em relação a Stálin e Mao, apesar da impressionante contagem de corpos compilada pelos dois últimos. A visão ampla de Peterson sobre o totalitarismo assemelha-se à de Peter Drucker (1909-2005), que, em seus primeiros trabalhos, entendeu tanto o comunismo quanto o nazismo como organizações sociais que se estabeleceram como substitutos das estruturas existentes e prometeram exorcizar os demônios do desemprego e da desigualdade. Em ambos

---

62 Philosophyinsights, "Jordan Peterson: Why Is Marxism So Attractive?", vídeo do YouTube, 4:20, 1º de novembro de 2017, https://www.youtube.com/watch?v=6h_mMVwQnAk.

63 Peterson, Jordan B. "Postmodern NeoMarxism: Diagnosis and Cure", vídeo do YouTube, 33:19, July 9, 2017, https://www.youtube.com/watch?v=s4c-jOdPTN8&t=3s.

64 Peterson, Jordan B. "Postmodern NeoMarxism".

os casos, a filiação partidária ofereceu uma forma de se reinventar e de alcançar uma espécie de libertação da economia comum[65].

Embora a sua insistência em recordar atrocidades históricas seja intensa e claramente sincera, Peterson é mais do que um cronista dos males do totalitarismo coletivista à maneira de *O Livro Negro do Comunismo*. Ele talvez possa ser visto com mais precisão como um homem que vê uma brasa brilhante residual em um fogo que, de outra forma, estaria extinto. A menos que seja apagada, a brasa pode inflamar-se num inferno que mais uma vez envolve o seu entorno. Embora as gigantescas máquinas do comunismo de Estado tenham esgotado a sua força no final do século XX, parecendo assim abrir a porta a um promissor "fim da história", no qual a humanidade desfrutaria das amplas liberdades oferecidas pelas repúblicas democráticas, a ameaça essencial não foi eliminada[66].

A razão pela qual ela não foi eliminada é que há intelectuais, acadêmicos e ativistas soprando as brasas do velho marxismo. O fogo está começando a crescer mais uma vez. A ameaça não se tornou totalmente inerte, observa Peterson, porque atingiu um ponto de transição. Justamente quando o comunismo começou a apresentar fissuras em face dos resultados devastadores no mundo real, os utópicos desapontados procuraram outro caminho para seguir. O marxismo abandonou a sua velha pele e transformou-se em algo novo, mas relacionado. Peterson refere-se essa coisa nova de várias maneiras, mas os termos mais comuns são pós-modernismo, neomarxismo e política identitária.

O ponto em comum que Peterson vê entre o marxismo evoluído e o seu antecessor é a perigosa tendência de ler o mundo por intermédio de uma única lente: a da opressão social. Enquanto o marxismo localizou essa opressão num conflito econômico histórico mundial entre classes sociais, o novo marxismo centra a sua análise na raça e

---

65 Drucker, Peter F. *The End of Economic Man: The Origins of Totalitarianism*. New Brunswick, NJ: Transaction, 1995.

66 A frase agora semi-infame tornou-se comum em Francis Fukuyama, *The End of History and the Last Man*. Nova York: Free Press, 1992.

no gênero, e formula a sua campanha de acordo com isso. Em ambos os casos, o problema é o mesmo. Os seres humanos estão se iludindo por meio de, por vezes, se autoadularem usando, para tanto, os outros como bodes expiatórios, e, ao fazê-lo, podem alcançar vitórias aparentes que se revelam prejudiciais para praticamente toda a sociedade. Embora a embalagem seja diferente, a análise é basicamente a mesma, assim como o programa do ressentimento. Em vez de esperar para ver que frutos podres se formarão na videira, Peterson aconselha-nos a confrontarmos a realidade e a nos opormos ferozmente àqueles que subvertem (muitas vezes, à custa do público) uma sociedade que merece mais crédito do que recebe. O neomarxismo derrubará a competência em favor de construções ideológicas que irão decepcionar tremendamente em termos de desempenho real.

Para compreender melhor a crítica de Peterson a essa ameaça, é útil começar com a dicotomia que ele estabelece entre a abordagem judaico-cristã do sofrimento e a abordagem marxista. Embora Peterson não afirme ser cristão, ele vê a Bíblia como uma fonte de insights poderosos sobre a natureza dos seres humanos e a vida que levam.

AS ABORDAGENS JUDAICO-CRISTÃ E MARXISTA DO SOFRIMENTO

Quando Peterson olha para o livro do Gênesis, ele vê Adão e Eva como algo diferente do humano antes da queda. Eles não possuem autoconsciência. Nem são fisicamente vulneráveis ou necessitados. Mas depois de comerem o fruto proibido, eles tomam consciência da sua nudez, da sua fragilidade e da sua mortalidade. É aí que eles se tornam os únicos animais autoconscientes da criação. A sua vulnerabilidade expõe tanto o bem quanto o mal. Eles tomam consciência da sua própria vulnerabilidade, o que os transforma em trabalhadores à medida que trabalham contra a sua própria fraqueza. Assim, eles devem trabalhar pelo alimento, por roupas, por abrigo e por qualquer outra coisa de que necessitem. É importante compreender que esse projeto de trabalho contra a vulnerabilidade revela que o sofrimento é simplesmente fazer parte da vida. Viver é ser alguém que sofre. O sofrimento está construído na estrutura do ser autoconsciente. Como consequência, Peterson deduz que o sofrimento não é em sua essência de natureza sociológica[67]. Em outras palavras, o sofrimento não pode ser expulso como um espírito imundo se ao menos implementássemos a visão ideológica correta.

O trabalho que fazemos em resposta à vulnerabilidade é bom no sentido de que podemos trabalhar para nós mesmos, mas também para os outros. O trabalho pode ser uma forma de dar e amar. Aqueles que trabalham aceitam a realidade que têm diante de si e respondem a ela de forma construtiva. Eles escolhem viver e ajudar os outros a viverem.

Mas essa consciência da vulnerabilidade também tem um lado negativo. Uma vez conscientes da vulnerabilidade dos outros, podemos potencialmente aproveitarmo-nos da sua fraqueza. Assim como Caim, podemos deixar entrar um espírito amargo e atormentado que surge de nosso ciúme e ressentimento (especialmente devido a nos compararmos com os outros). O resultado é o assassinato de Abel. Peterson chama a história de um irmão assassinando o outro de "a primeira história de seres humanos reais". Adão e Eva não nasceram vulneráveis. Caim e Abel, sim. Eles são seres humanos tal como nós os conhecemos.

Em contrapartida, de acordo com Peterson, a explicação marxista do sofrimento depende principalmente da ideia de sofrimento como consequência da opressão[68]. No marxismo clássico, os trabalhadores são oprimidos pelos proprietários do capital. A utopia, na forma de felicidade e libertação da opressão, surgirá quando os opressores forem derrotados. A utopia é uma meta que vale a pena alcançar, mesmo a um custo muito elevado. Portanto, praticamente tudo é justificado a fim de reprimir os opressores.

---

67 Peterson, Jordan B. "Identity Politics and the Marxist Lie of White Privilege", vídeo do YouTube, 2:31:42, 13 de novembro de 2017, https://www.youtube.com/ watch?v=PfH8IG7Awk0.

68 Peterson, Jordan B. "Identity Politics".

Nessa abordagem, o sofrimento é de natureza sociológica. Ele é imposto aos pobres, que são privados de direitos pelos ricos. A promessa da utopia é que nós acabaremos com o sofrimento quando adotarmos e implementarmos a forma correta de pensar a política e a sociedade.

Mantendo os dois relatos lado a lado, Peterson julga que a versão judaico-cristã é mais fiel à nossa experiência e conhecimento de nós mesmos. Ele critica a versão marxista tanto em termos de sua motivação quanto de seus resultados. Sem dizer explicitamente, ele parece identificar a abordagem judaico-cristã com o longo desenvolvimento da prosperidade, do Estado de direito, dos direitos humanos e das liberdades que se enraizaram em grande parte do mundo ocidental e em algumas outras partes do globo.

Mas a explicação marxista, embora separada da abordagem judaico-cristã, está ligada a ela. Peterson liga o modo de pensar marxista menos à compaixão pelos pobres e pela classe trabalhadora e mais ao ódio e ao ressentimento[69]. Em outras palavras, a compreensão marxista da causa do sofrimento remonta a Caim e à sua inveja de Abel. Para Peterson, a amargura de Caim corresponde à clássica hostilidade marxista para com a burguesia e as suas vidas convencionais.

Embora Peterson aponte as sensibilidades canadenses no que diz respeito aos cuidados de saúde nacionais e à defesa dos trabalhadores, ele parece aprová-las em termos de prudência, e não como parte de uma visão ideológica forte[70]. Quando ele olha para versões mais fortes da filosofia estatista, particularmente para aquelas imersas na teoria comunista, encontra um legado de escravidão, fome, prisão e execuções[71]. A teoria marxista compartilha da inveja de Caim e termina com uma disposição de sancionar o assassinato (mesmo em escala massiva) para corrigir os erros que percebe.

69 Addison, Davie. "Jordan Peterson Addresses Socialist Intellectuals", vídeo do YouTube, 11:44, 13 de abril de 2018, https://www.youtube.com/watch?v=YXgZAdaMtS8&t=2s.

70 Addison, Davie. "Socialist Intellectuals".

71 Ruminate, "Postmodernism and Cultural Marxism | Jordan B Peterson", vídeo do YouTube, 43:46, 6 de julho de 2017, https://www.youtube.com/watch?v=wLoG 9zBvvLQ&t=3s.

PETERSON, A PRUDÊNCIA E AS REALIDADES SOCIAIS

Jordan Peterson enraíza muitos de seus pontos de vista em sua interpretação das descobertas sociocientíficas sobre os seres humanos. Por exemplo, ele frequentemente afirma que os dois principais preditores de sucesso na vida são o quociente de inteligência (QI) e a consciência. Outra descoberta a que ele se refere, também com frequência, é a lei da distribuição de rendimentos do economista Vilfredo Pareto (1848-1923)[72]. A observação inicial que Pareto fez foi a de que 80% da terra dentro da Itália pertencia, no seu tempo, a cerca de 20% da população. Quando considerou alguns outros índices de propriedade nacional, encontrou a mesma distribuição aproximadamente repetida[73]. O pensador administrativo americano Joseph Juran (1904-2008) popularizou mais tarde a lei de Pareto ao escrever e falar sobre o princípio 80/20, que teoricamente se aplica a muitos contextos[74]. Por exemplo, sugere-se que 20% dos bugs de computador resultam em 80% das falhas. De forma mais ampla, a ideia é que poucos (bons ou maus) podem gerar grandes efeitos (bons ou maus), enquanto o resto acarreta significativamente menos consequências. Peterson utiliza o princípio de Pareto para sugerir que recompensas descomunais em riqueza, dinheiro e outras áreas ocorrem de uma forma seminatural, de modo a incentivar contribuições de pessoas talentosas e motivadas[75].

Os marxistas, então, em virtude do seu pressuposto de que a desigualdade econômica é o resultado da opressão, diagnosticam mal o que realmente está acontecendo. Peterson acredita que a inteligência, a consciência e outros comportamentos virtuosos impulsionam as realizações. Outra forma de encarar a questão é em termos de

72 Peterson, Jordan B. "Identity Politics".

73 Pareto, Vilfredo. *Manual of Political Economy*.1906.

74 Juran, J. M. *Managerial Breakthrough*. Nova York: McGraw-Hill, 1964.

75 Philosophyinsights. "Why Is Marxism So Attractive?".

competência, palavra à qual Peterson volta com alguma frequência[76]. A competência impulsiona a realização. A realização resulta em ganhos para a comunidade em geral. A comunidade de interesse sanciona voluntariamente (principalmente por meio de mecanismos de mercado) o sucesso de indivíduos competentes, porque prefere beneficiar-se dos seus esforços. Da mesma forma que os fãs de música pagam mais por um ingresso para um show do U2 do que pagariam por uma banda cover dos Eagles em um clube local, estamos dispostos (embora, muitas vezes, indiretamente) a pagar mais aos poucos que fazem a maior diferença com seu trabalho.

Devido ao mal-entendido marxista de que as recompensas econômicas desiguais são um ato de opressão, e não um sistema produtivo de incentivos, elas interferem na distribuição de Pareto. A interferência na distribuição de elevadas recompensas por elevada competência leva então à fome, à escassez e a níveis excessivamente elevados de repressão política, à medida que os revolucionários tentam manter o poder, apesar de falharem essencialmente na tarefa de governar para o bem do povo.

A ROTAÇÃO PARA O PÓS-MODERNISMO E O NEOMARXISMO

As décadas de 1980 e 1990 provaram ser a era do declínio terminal para as maiores experiências comunistas. A União Soviética entrou em colapso. Os países da Europa Oriental recuperaram a sua soberania. O Partido Comunista Chinês manteve o nome, mas, sob o comando de Deng Xiaoping (1904-1997), embarcou em algo muito mais parecido com o capitalismo patrocinado pelo Estado que continua a enriquecer a nação e a transformá-la numa enorme potência econômica. Cuba tem se debatido sem as infusões massivas de ajuda e o comércio favorável que outrora recebeu dos soviéticos. A Coreia

76 Peterson, Jordan B. "Identity Politics".

do Norte funciona como uma espécie de estado militarista pária governado por uma única família à custa do seu povo, que vive uma existência marginal em comparação com os seus prósperos vizinhos da Coreia do Sul. A Venezuela, detentora de algumas das reservas de petróleo mais ricas do planeta, parece estar em colapso após algumas décadas de governo de inspiração marxista.

Peterson interpreta os intelectuais de esquerda como tendo antecipado o fracasso de um marxismo baseado na economia algum tempo antes do fracasso da União Soviética. No seu ponto de vista, ocorreu uma rotação na qual o marxismo fez a transição para o neomarxismo e o pós-modernismo[77]. Na época em que o capitalismo democrático parecia ter triunfado sobre a competição marxista, o pós-modernismo estava em pleno desenvolvimento e havia gerado muitos pensadores, escritos e campos de estudo ao longo de um período de décadas.

Seria possível escrever livros inteiros decifrando o significado de termos como "pós-modernismo", "desconstrucionismo", "neomarxismo" e assim por diante. Certa vez, ouvi um colega lembrar que o historiador George Marsden (1939-) começou uma palestra dizendo: "Pós-modernismo [...] e acho que posso defini-lo da maneira que quiser [...]". Ou pode-se pensar na manchete do jornal satírico *Onion*: "Jacques Derrida 'morre', se é que 'morte' pode ser considerada como significando alguma coisa"[78]. O pós-modernismo é provavelmente mais bem entendido como uma reação à modernidade ou ao Iluminismo. Se considerarmos a modernidade como a vitória do raciocínio científico (incluindo o raciocínio científico-social) sobre o pensamento mais religioso e/ou baseado no direito natural da Idade Média, então o pós-modernismo é a crítica da confiança da modernidade na razão.

Para ser mais específico, o pós-modernismo questiona até que ponto existe uma versão única da verdade (mesmo que chegue pela via da razão) à qual todos somos obrigados a ceder. Jean-François Lyotard

---

77 Peterson, Jordan B. "Postmodern NeoMarxism."

78 Lamentavelmente, esse clássico do *Onion* de 2004 parece ter desaparecido da internet.

(1924-1998) argumentou que "não há política da razão, nem no sentido de uma razão totalizante nem no do conceito. E o mesmo devemos fazer com uma política de opinião"[79]. Talvez a melhor palavra para nos concentrarmos na declaração de Lyotard seja "totalização". O pós-modernismo sustentaria que não existe uma versão da razão (na política ou em qualquer outra coisa, como a literatura) que abranja tudo. Se a nossa razão não consegue abranger tudo, então ela é sempre parcial. Sempre haverá coisas desconhecidas, ignoradas, incompreendidas e deturpadas. O pós-modernismo é, então, uma crítica à aparente suposição do mundo ocidental (particularmente de meados do século XX) de que a ciência moderna tornou possível gerir com sucesso tanto o homem como a natureza para os seus melhores usos.

Com o ceticismo do pós-modernismo a respeito das reivindicações sobre a verdade vem a sua sensibilidade à dinâmica do poder. O que está por trás das afirmações de verdade, pode concluir o pós-modernista, é uma narrativa apresentada pelos ricos e poderosos. Eles irão promover *a* verdade, que é, na melhor das hipóteses, uma verdade, e provavelmente uma verdade em proveito próprio. Se não houver uma verdade clara, mas, sim, uma competição de narrativas, então a natureza da realidade (pelo menos até onde podemos compreendê-la) é simplesmente uma luta pelo poder. O leitor já pode ver um potencial ponto de conexão entre o marxismo e o pós-modernismo.

Peterson não pretende ser um estudioso do pós-modernismo como um filósofo ou crítico literário seria. Pelo contrário, ele enfrenta especificamente o pós-modernismo (e o neomarxismo, unidos como unha e carne) como ameaças ao florescimento dos seres humanos e às conquistas culturais de séculos. Nesse sentido, ele se parece muito com o personagem interpretado pelo ator Charlton Heston (1923-2008) em *A Última Esperança da Terra*.

79 Lyotard, Jean-François e Thebaud. Jean-Loup. *Just Gaming*. Mineápolis: University of Minnesota Press, 1985, 82.

PETERSON E O PÓS-MODERNISMO

No final dos anos 1960 e início dos anos 1970, Heston estrelou uma trilogia informal de thrillers sobre o fim do mundo: *Planeta dos Macacos* (1968), *A Última Esperança da Terra* (1971) e *No Mundo de 2020* (1973). Em *A Última Esperança da Terra*, baseado no romance *Eu Sou a Lenda*, de Richard Matheson (1926-2013), Heston interpreta um médico que sobreviveu a uma praga que matou grande parte da humanidade e deixou o resto em um estado violento e que evita a luz. O personagem de Heston mora no centro da cidade, em uma loja de departamentos que ele fortificou. Todas as noites, ele janta entre as relíquias do antigo mundo iluminista enquanto as hordas de bárbaros ficam do lado de fora de sua casa, no que quase parece ser um protesto em massa. Eles criticam o "homem da roda" (em outras palavras, o homem da tecnologia) e tentam periodicamente sobrepujar as suas defesas. Há um sentido real em que ele é o último homem no mundo, o guardião do que resta das realizações espirituais, filosóficas e científicas do Ocidente. É difícil não perceber a semelhança dos sobreviventes noturnos da peste no filme com os hippies da época que protestavam em massa. Poderíamos ver o personagem médico de Heston como uma espécie de figura do Cristo Iluminista que se sacrifica para fornecer uma cura a um punhado de jovens não infectados por meio de sua perspicácia científica.

O que Heston fez como ator em um thriller dos anos 1970, Jordan Peterson parece ensaiar como uma estrela do novo milênio no *YouTube*. Ele não é médico, mas, como um psicólogo clínico, ele está na vizinhança. E embora não ofereça um soro para curar uma doença física, pretende curar mentes corrompidas e vacinar os jovens contra doenças mentais antes que elas comecem. Ele procura ensiná-los a aceitarem o sofrimento como parte do ser autoconsciente e a evitarem a tentação de imitarem a amargura e a raiva assassina de Caim. Como parte do trabalho, ele suporta as flechadas dos pós-modernistas e neomarxistas que procuram acabar com a sua influência pública por meio de acusações de racismo, sexismo, transfobia, e assim por diante.

Assim como o personagem de Heston foi levado à crise pela natureza da época, Peterson também o é. Ele é uma criatura da academia e totalmente comprometido com os métodos de investigação sociocientífica. As suas palestras estão repletas de referências aos resultados de vários estudos que procuram isolar variáveis, separar as influências espúrias das legítimas e aumentar o nosso conhecimento a respeito do comportamento humano. Entre todas as coisas, ele discorreu sobre a moralidade dos ratos e dos chimpanzés e sobre as disputas travadas entre lagostas enquanto a evolução realiza seu interminável trabalho de refinamento[80].

Embora ele defenda o ideal de academia da modernidade, a academia parece rejeitá-lo em grande parte pela sua recusa em aderir ao programa progressista em relação a coisas como sexualidade e privilégios. As ciências sociais parecem, na sua opinião, ter transitado para a pós-modernidade e terem rejeitado a sua própria busca desapaixonada pela verdade em favor de estudos de queixas e ativismo. Ele repetidamente se queixa de que os estudos sobre mulheres, estudos de gênero e outros programas relacionados são pseudodisciplinas que carecem de um método de investigação claro para estabelecer a veracidade das afirmações[81]. É claro que, da perspectiva dos seus oponentes, apresentar tal queixa é aderir a um empirismo racionalista ocidental colocado ao serviço de estruturas de poder que são resistentes às mudanças necessárias.

A principal crítica de Peterson ao pós-modernismo parece centrar-se na sua crença de que, em relação a qualquer texto – ou, nesse caso, ao mundo em geral – há um número infinito de interpretações. Primeiro, aceitar tal visão deixaria a pessoa incapaz de agir no mundo. Como alguém escolheria a partir de qual interpretação agir? Em segundo lugar, embora as possibilidades de interpretação possam ser

---

80 O comentário sobre a moralidade em ratos e chimpanzés vem de Peterson, "Identity Politics". Sua discussão sobre lagostas pode ser encontrada no livro *12 Regras para a Vida*, 1-2.

81 Peterson, Jordan B. "Postmodern NeoMarxism".

infinitas, há um número muito menor de interpretações críveis. Algumas das restrições que tornam uma interpretação funcional para o nosso uso na compreensão do mundo são biológicas e sociais[82].

Neste ponto, a resistência de alto nível de Peterson ao Projeto de Lei C-16 do Canadá entra em foco. Para um homem agir como se pudesse ser uma mulher (ou vice-versa) e procurar exigir que outros reconheçam esse fato sob a força coercitiva das penas prescritas por lei, potencialmente desconsidera fatores sociais e biológicos que tornam o mundo coerente para aqueles que vivem nele. Em essência, fazer tal concessão por uma imposição da lei poderia significar que outros têm a capacidade de controlar a nossa visão da realidade de formas que não consideramos críveis.

O PRINCÍPIO DE PARETO E O NEOMARXISMO PÓS-MODERNO

Se o principal problema que Jordan Peterson tem com o pós-modernismo tem a ver com o fato de que este cria uma crise interpretativa para qualquer um que tente viver no mundo, então surge outro problema no que diz respeito ao impacto no mundo real de permitir que os neomarxistas pós-modernos apliquem a sua estrutura à vida conjunta em sociedade. Lembre-se de que Peterson considera que a distribuição de Pareto (a ideia de que 80% da riqueza vai para os 20% dos principais criadores de valor) se relaciona, em grande parte, com o exercício da competência. Ou seja, muito do que está envolvido na obtenção de riqueza e poder não se deve a fatores arbitrários. Em vez disso, ele acredita que o sucesso, financeiro ou não, resulta em grande parte daqueles que demonstram a sua capacidade para realizarem as coisas, seja por meio da inovação, gestão, execução hábil, talentos únicos ou outros fatores. Ao longo de milhares de anos, chegamos a modelos sociais que funcionam em grande parte com base em critérios

82 Peterson, Jordan B. "Postmodern NeoMarxism".

meritocráticos. Mais do que em qualquer época anterior, parece que o indivíduo talentoso pode ascender sem restrições arbitrárias (escravidão, aristocracia formal, sistemas de castas, falta de acesso à educação) que impeçam o seu sucesso. Isso não significa que os sistemas modernos sejam perfeitos, mas simplesmente que são mais livres do que a maioria das alternativas e têm maior probabilidade de recompensar o mérito do que aqueles que os precederam.

Numa de suas palestras, Peterson conta a história de uma jovem do Oriente Médio que vai para a Holanda e fica surpresa ao descobrir que um ônibus chega quase exatamente no horário em que deveria chegar[83]. Seu público começa a rir, mas Peterson afirma a opinião dela. É um acontecimento incrível. Muita coisa precisa estar dando certo em uma sociedade para que um sistema de transporte opere dentro de um cronograma. Tendemos a considerar essas coisas como garantidas, quase como se fizessem parte da paisagem de uma região que conhecemos bem ao longo da vida. Podemos confiar em coisas como sistemas complexos de transporte que cumprem os horários de forma geral e confiável, porque valorizamos as políticas meritocráticas que mantêm a competência como uma prioridade importante. Os sistemas que falham, segundo Peterson, são aqueles que valorizam algo diferente da competência. Aqueles que detêm o poder e a autoridade normalmente fazem-no com uma expectativa bastante forte (pelo menos no Ocidente) de que fornecerão bens importantes e prestar serviços valiosos em troca.

As hierarquias desmoronam, portanto, quando são corrompidas ao ponto da incompetência. Pode ser que se tornem excessivamente hedonistas, que se tornem tão afastadas da experiência comum que nem sequer sabem o que deveriam fazer, que percam de vista qualquer sentido de bem social ou de qualquer uma de uma variedade de outras influências corruptoras. Mas a mesma ameaça à competência espreita no neomarxismo pós-moderno. Ao concentrarem-se nas

83 Peterson, Jordan B. "Identity Politics".

queixas, no suposto racismo, no sexismo, na heteronormatividade ou em qualquer outro enquadramento relacionado com a opressão, os promotores da visão neomarxista encorajam-nos a pensar em termos de representação de grupo, e não em termos de competência meritocrática. O resultado será que a competência vai ser deixada de lado, tal como acontece noutras hierarquias corrompidas. Uma ênfase no poder levará à marginalização da competência como o fator principal na forma como contratamos, promovemos, alocamos recursos e assim por diante[84].

O interesse de Peterson vai além das suas preocupações de que interpretações elásticas impugnarão a sua integridade como pessoa que experimenta e dá sentido ao mundo e que os modos de análise neomarxistas corromperão um sistema social conquistado a grande preço ao longo do tempo, de modo que a competência acabará sendo prejudicada. Dentro da cabeça neomarxista, ele detecta a presença do espírito que associa a Caim. Peterson observa que os neomarxistas (ou teóricos críticos da raça ou teóricos de gênero, etc.) decidem quais as categorias que contam quando analisam a desigualdade. Certamente, podemos olhar para a representação, o sucesso de renda, além de outras variáveis baseadas no sexo, raça, religião, orientação sexual, estrutura familiar e outras categorias que normalmente podemos observar. Mas por que apenas essas? Poderíamos analisar a inteligência, o quão atraente a pessoa é, a saúde, o carisma, a neurotipicidade, a altura, o peso e outras características importantes de uma pessoa? Existe um privilégio da beleza, um privilégio da magreza, um privilégio de personalidade agradável, um privilégio da altura? Por que focar os grupos que são tipicamente alvo de políticas identitárias? E por que limitar a nossa investigação a questões como a representação nas profissões e os níveis salariais? Peterson observa que, possivelmente, a discriminação mais flagrante praticada na nossa sociedade seja a de

84 Peterson, Jordan B. "Identity Politics".

natureza sexual[85]. Dito de outro modo, discriminamos com ousadia e sem remorso quando se trata daqueles com quem fazemos sexo. Prevemos um mundo em que a discriminação sexual do tipo mais direto (o tipo imediato, interpessoal e biológico) seria o material da investigação acadêmica crítica destinada a remediar as desigualdades? Até agora vimos isso apenas na ficção científica.

Peterson amplia a sua crítica questionando a forma como a diversidade é oferecida como uma vantagem social ou institucional líquida. Como exemplo, pode-se pensar no argumento de que uma empresa ou organização se beneficiaria se tivesse mais funcionários de uma determinada raça, gênero ou etnia. Mas Peterson argumenta que a diversidade não é denominada principalmente por grupo. Em vez disso, vivenciamos a diversidade mais no âmbito individual. Por natureza, ela é baseada em traços. Argumentar que raças e sexos têm traços pareceria entrar em conflito com os argumentos contra a estereotipagem das pessoas pela sua identidade de grupo. O indivíduo, segundo Peterson, é a minoria definitiva[86].

Peterson percebe uma tentativa de se ganhar poder a partir da escolha das categorias pelas quais a justiça da sociedade é avaliada de modo a organizar a oposição. A oposição terá a tarefa de subverter o sistema estabelecido[87]. A objeção de Peterson à tarefa revolucionária é tanto pragmática como baseada em princípios.

Pragmaticamente falando, ele tem uma visão da sociedade e das suas instituições que está enraizada no pensamento de Edmund Burke (1729-1797). Ele é um conservador no sentido de que vê valor nas tradições e nos modos de vida estabelecidos. A sociedade, tal como a vivenciamos, é o resultado de pelo menos milhares de anos de refinamento e reforma, mantendo o que é bom e eliminando lentamente o que é mau. Embora Peterson aceite a necessidade de mudança e, de

85 Peterson, Jordan B. "Identity Politics".

86 Peterson, Jordan B. "Identity Politics".

87 Peterson, Jordan B. "Identity Politics".

fato, apoie a melhoria gradual, ele acredita que o século XX demonstrou cabalmente o perigo de mudanças revolucionárias impulsionadas pelo poder da ideologia sedutora e orientada pela propaganda.

Em termos de princípio, Peterson opõe-se ao trabalho dos neomarxistas pós-modernos, porque acredita que eles realmente usam os recursos do sistema estabelecido contra si mesmos. Dito de outra forma, ele considera problemático que os membros do corpo docente que são efetivos, remunerados e têm acesso aos estudantes por meio de um sistema, em grande parte, público e trabalhem ativamente para subverter o próprio contexto institucional em que operam. O economista Joseph Schumpeter (1883-1950) mencionou algo semelhante na sua profecia sobre o fracasso do capitalismo. Ele sentiu que a riqueza da sociedade capitalista aumenta o acesso à educação e o número de intelectuais. Os intelectuais usariam então as suas posições e influência para virarem os jovens contra o sistema[88]. O que Schumpeter observou com consternação, Peterson quer evitar. O seu programa é expor o neomarxismo pós-moderno que passa despercebido pela maioria das pessoas fora da academia ou da política de esquerda. A certa altura, ele discutiu a divulgação de cursos e professores que ensinam conteúdo pós-moderno a fim de ajudar pais e alunos a evitarem dar a programas radicais uma plataforma por meio da qual pudessem exercer influência[89].

CONCLUSÃO

A descrição e o argumento de Jordan Peterson contra o neomarxismo pós-moderno são mais uma provocação do que um argumento abrangente. Ele escreve e fala mais como um polemista do que como um analista frio, com o objetivo de gritar para uma névoa mortal de

88 Schumpeter, Joseph. *Capitalism, Socialism, and Democracy*. Nova York: HarperPerennial, 2008, 143–55.
89 Peterson, Jordan B. "Postmodern NeoMarxism."

apatia e de despertar os adormecidos antes que se encontrem, como Rip van Winkle[90], num mundo que não reconhecem.

Peterson desconfia das pessoas que identifica como praticantes pós-modernas da política identitária, porque vê a explicação judaico-cristã do sofrimento como mais fiel à experiência humana do que a explicação marxista. Ao falar sobre a oposição de Peterson ao totalitarismo com um colega, ele me lembrou de uma observação incisiva que Reinhold Niebuhr (1892-1971) fez ao escrever no coração do período totalitário que Peterson mantém em mente:

> Uma escola sustenta que os homens seriam bons se as instituições políticas não os corrompessem; outra acredita que eles seriam bons se o mal anterior da organização econômica defeituosa pudesse ser eliminado. Ou outra escola pensa neste mal como nada mais do que ignorância e, portanto, espera por um processo educativo mais perfeito para redimir o homem das suas lealdades parciais e particulares. Mas nenhuma escola pergunta como é que um homem essencialmente bom pôde ter produzido organizações políticas corruptas e tirânicas, ou organizações religiosas fanáticas e supersticiosas[91].

Em outras palavras, localizar a fonte do mal exclusivamente fora de si mesmo leva ao ódio e ao ressentimento. Diante disso, a atitude mais sábia provavelmente é a de acreditar que os aspirantes a revolucionários não são anjos e podem ser mais perigosos devido à sua aparente suposição da sua própria justiça e esclarecimento. É melhor começar entendendo que lutamos não apenas contra a ignorância ou a maldade dos outros, mas também contra nós mesmos.

---

90 Rip van Winkle é um conto sobre um personagem homônimo, escrito por Washington Irving (1783-1859) e publicado em 1819, baseado em contos germânicos que Irving conheceu, ouviu e aprendeu durante um período que passou na Europa. (N. R.)

91 Niebuhr, Reinhold. *The Children of Light and The Children of Darkness*. Nova York: Charles Scribner's Sons, 1945, 17.

O cerne da questão tem a ver com *nossos* corações. Nós realmente nos entendemos? Ou cedemos ao pecado do orgulho nas suas formas mais lisonjeiras e atraentes? Peterson, às vezes, se refere ao "pecado contra o Espírito Santo". Isso parece ser uma referência a Marcos 3,28-29, que afirma que "todos os pecados serão perdoados aos filhos dos homens, e quaisquer blasfêmias que eles proferirem, mas quem blasfemar contra o Espírito Santo nunca terá perdão, mas é culpado de um pecado eterno" (ESV[92]). Nas mãos de Peterson, o pecado imperdoável contra o Espírito Santo assume a forma de um ser humano mentindo para si mesmo sobre as tentações associadas ao poder. Ele considera a pessoa que contempla a ruína do totalitarismo na Alemanha, na Rússia, na China, no Camboja e em outros lugares e, ainda assim, pensa com confiança: "Teria sido diferente se eu estivesse no comando"[93]. Para Peterson, essa ilusão conduz ao tipo de totalitarismo que deixou dezenas de milhões de mortos no século anterior.

---

92 A ESV (English Standard Version ["Versão Padrão em Inglês", em tradução livre]) é uma tradução "essencialmente literal" que busca, na medida do possível, captar a redação precisa do texto original e o estilo pessoal de cada escritor bíblico. Procura ser transparente em relação ao texto original, permitindo ao leitor ver o mais diretamente possível a estrutura e o significado do original. https://www.biblegateway.com/versions/English-Standard-Version-ESV-Bible/. (N. T.)

93 Peterson, Jordan B. "Identity Politics".

CAPÍTULO 3

Linguagem e Liberdade: Peterson Como Defensor da Liberdade de Expressão (e da Liberdade de Expressão Forçada)

Alastair Roberts

A ascensão inicial de Jordan Peterson à proeminência pública no outono de 2016 deveu-se, em grande parte, à sua defesa do princípio da liberdade de expressão na sua resistência à aprovação do Projeto de Lei C-16[94]. A defesa, a exposição e a elevação desse princípio foram um tema contínuo no trabalho subsequente de Peterson.

O Projeto de Lei C-16 foi uma lei para alterar a Lei Canadense de Direitos Humanos e seu Código Penal, acrescentando a identidade e expressão de gênero como motivos proibidos para discriminação. A principal preocupação de Peterson com o Projeto de Lei era que, em conjunto com o Código dos Direitos Humanos de Ontário, a não utilização dos pronomes preferidos de alguém poderia tornar tanto a pessoa como o seu empregador sujeitos a processos judiciais. Isso equivalia ao discurso forçado, que ameaça a liberdade de expressão ao exigir que as pessoas digam algo em que, na realidade, não acreditem.

94 Peterson, Jordan B. "2017/05/17: Senate hearing on Bill C16", vídeo do YouTube, 1:00:08, 18 de maio de 2017, https://www.youtube.com/watch?v=KnIAAkSNtqo.

Junto a isso, Peterson sustentou que, ao exigir o uso de pronomes preferenciais, o Projeto de Lei também estava prematuramente encerrando um debate sobre sexo e gênero que estava longe de ser resolvido. Na verdade, nas ciências relevantes, sustentou ele, a posição social-construcionista sobre gênero era manifestamente fraca. Para Peterson, ao recorrerem à lei a fim de garantir a irrevogabilidade de uma posição que estava sofrendo um duro golpe na arena do discurso científico, os apoiadores "neomarxistas pós-modernos" do Projeto de Lei C-16 demonstraram o seu desrespeito pelo espírito da liberdade de investigação e da liberdade de expressão que a civilização ocidental tem historicamente protegido.

A DISSUASÃO DA LIBERDADE DE EXPRESSÃO

Alguns especialistas jurídicos contestaram a interpretação de Peterson das implicações do Projeto de Lei C-16[95]. No entanto, se Peterson não tinha clareza quanto às ramificações legais de tal legislação, ele não era o único: o empregador de Peterson, a Universidade de Toronto, enviou-lhe duas cartas avisando-o de que suas declarações em crítica ao Projeto de Lei podem violar tanto a lei quanto as políticas da universidade[96].

A falta de clareza relativa ao que diz respeito ao escopo da aplicação de tal lei, além da intensificação das políticas institucionais relacionadas com um conjunto crescente de áreas de potencial discriminação e da disseminação de formas de ativismo altamente litigiosas combinam-se para produzir um ambiente assustador para o debate público e acadêmico. Mesmo que a lei ou as políticas institucionais

---

95 Khandaker, Tamara. "No, the Trans Rights Bill Doesn't Criminalize Free Speech", Vice, 24 de outubro de 2016, https://www.vice.com/en_ca/article/qbnamx/ no-the-trans-rights-bill-doesnt-criminalize-free-speech.

96 Yun, Tom. "U of T letter Asks Jordan Peterson to Respect Pronouns, Stop Making Statements", The Varsity, 25 de outubro de 2016, https://thevarsity.ca/2016/10/24/ u-of-t-letter-asks-jordan-peterson-to--respect-pronouns-stop-making-statements/; Wesley Yang. "The Passion of Jordan Peterson", Esquire, 1º de maio de 2018, https://www.esquire.com/news-politics/a19834137/jordan-peterson-interview/.

não apoiem, em última análise, uma queixa, a crescente incerteza sobre o assunto deixa as pessoas demasiadamente nervosas para se aventurarem longe no gelo cada vez mais fino do lago do discurso.

Um evento subsequente na Universidade Wilfrid Laurier, em novembro de 2017, ilustrou esse problema. Lindsay Shepherd, professora assistente na universidade, usou um vídeo da discussão de Peterson sobre o Projeto de Lei C-16 para incentivar a conversa entre seus alunos. Mais tarde, ela foi convocada para uma reunião privada com três de seus superiores, que alegaram que, ao usar esse vídeo, ela estava criando um ambiente tóxico; suas ações supostamente violavam o Projeto de Lei C-16 (que havia sido promulgado em junho daquele ano) e eram comparáveis a "fazer de forma neutra um discurso de Hitler ou de Milo Yiannopoulos"[97]. Embora a universidade tenha posteriormente pedido desculpas, o incidente recebeu muita atenção do público e pareceu justificar alguns dos argumentos de Peterson contra o Projeto de Lei[98].

A eficácia da lei não se encontra apenas na sua capacidade de processar com sucesso os infratores, mas também na sua capacidade de dissuasão. Independentemente dos argumentos a favor e contra o potencial do Projeto de Lei C-16 para levar à acusação de pessoas que não usaram os pronomes preferidos, o potencial do ato para dissuadir qualquer crítica às pessoas trans e às suas reivindicações ideológicas foi amplamente demonstrado pelas cartas de advertência da Universidade de Toronto a Peterson e pelos acontecimentos em Wilfrid Laurier.

Quando o direito à liberdade de expressão não está firme e inequivocamente inscrito na lei e na sociedade, uma cultura de liberdade de expressão pode facilmente cair no esquecimento, mesmo que poucas ou nenhumas pessoas tenham sido processadas. Poucas pessoas estão preparadas para arriscar a perda do seu emprego e o suplício de processos judiciais sem alguma razão convincente.

---

97 Yang, "The Passion of Jordan Peterson".

98 Lamoureux, Mack. "Wilfrid Laurier Exonerates Lindsay Shepherd, We Can All Move On Now", Vice, 19 de dezembro de 2017, https://www.vice.com/en_ca/article/ yw5dbg/wilfrid-laurier-exonerates-lindsay-shepherd-we-can-all-move-on-now.

Peterson pode ter desfrutado da proteção proporcionada pela estabilidade nas suas relações com a Universidade de Toronto, mas Shepherd era um membro economicamente vulnerável do precariado[99] acadêmico. Desde então, Shepherd processou a Universidade Wilfrid Laurier, alegando que o tratamento dispensado a ela "tornou-a alguém não empregável no ambiente acadêmico"[100]. Peterson também abriu um processo por difamação contra Wilfrid Laurier, na esperança de que isso fortaleça a liberdade de expressão no campus, provocando acusações previsíveis de hipocrisia[101].

NOSSO FRACASSADO ECOSSISTEMA DE DISCURSO

A gama de ideias toleradas no debate público de uma sociedade diminuirá naturalmente quando jornalistas, acadêmicos e outras vozes públicas forem mais vulneráveis social e economicamente, e quando os limites do discurso legal, institucional e socialmente aceitável se tornarem menos claros ou mais restritivos. As estruturas sociais que defendem a liberdade de expressão não se limitam ao aspecto jurídico (e, como já salientei, o papel da lei na defesa da liberdade de expressão exige não apenas a sua não acusação, mas também o cuidado de não a dissuadir). Uma cultura de discurso saudável depende, para a sua sobrevivência, de uma pluralidade de condições, e as ameaças contemporâneas à cultura de expressão do Ocidente operam em múltiplas frentes. Niall Gooch escreve: "Os defensores da liberdade de expressão defendem não apenas a liberdade de expressão como uma abstração,

---

99 "Precariado" é um termo criado nos anos 1980, pela combinação do adjetivo "precário" e do substantivo "proletariado". Refere-se a uma classe emergente composta por um número cada vez maior de pessoas que levam uma vida de insegurança, entrando e saindo de empregos que conferem pouco significado a suas existências. https://grupoautentica.com.br/autentica/livros/o-precariado-a-nova--classe-perigosa. (N. T.)

100 Berman, Sarah. "Lindsay Shepherd Is Suing Laurier for $3.6 Million Over Jordan Peterson Video Controversy", Vice, 13 de junho de 2018, https://www.vice.com/ en_ca/article/zm88yw/jordan-peterson-video-controversy-lands-laurier-dollar36-million-lawsuit.

101 Lamoureux, Mack. "Free Speech Hero Jordan Peterson Launches Another Defamation Lawsuit", Vice, 12 de setembro de 2018, https://www.vice.com/en_ca/article/ pa8dyy/free-speech-hero-jordan-peterson-launches-another-defamation-lawsuit.

mas uma cultura mais ampla de debate honesto, argumento factual, desacordo respeitoso e coexistência civilizada com pessoas que veem o mundo de forma muito diferente de nós"[102].

Num contexto americano, o conceito de liberdade de expressão centra-se, muitas vezes, estreitamente na Primeira Emenda da Constituição, deixando uma margem considerável para ataques à expressão por meio de outros modos que não a legislação governamental. Políticas institucionais, a transformação da indignação em armas nas redes sociais e em outros locais, o boicote ou o assédio a oradores controversos, a divulgação na internet de informações pessoais e os ataques aos meios de subsistência das pessoas, o estabelecimento de novas ortodoxias culturais altamente restritivas e vários outros meios para encerrar ou congelar vozes indesejáveis podem ser utilizados contra a liberdade de expressão, mesmo em uma sociedade supostamente protegida pela Primeira Emenda.

Em uma conversa com Camille Paglia (1947-), Peterson comparou a cultura acadêmica atual ao pastoreio de zebras[103]. Fazendo referência a pesquisas que sugerem que as listras das zebras existem não para camuflá-las no ambiente da savana, mas para que elas se misturem com um rebanho maior e sejam menos propensas a serem abatidas por predadores, Peterson sugere que os acadêmicos formem grupos semelhantes a rebanhos pelo mesmo motivo. Ser demasiadamente identificável num ambiente cada vez mais exposto e economicamente inseguro – utilizando linguagem ou ocupando posições impopulares que o destaque do rebanho – colocaria um acadêmico em risco de ser socialmente excluído e de perder o seu sustento. Como Kevin Birmingham observou numa acusação devastadora à cultura predominante das humanidades,

---

102 Gooch, Niall. "Dying For the Right to Say It: What Do We Talk About When We Talk About Free Speech?", Niall's Writing Blog, 18 de maio de 2017, https://nialllthinksandwrites.blogspot.com/2017/05/dying-for-right-to-say-it-what-do-we.html.

103 Peterson, Jordan B. e Paglia, Camille. "A Conversation between Dr. Jordan B. Peterson and Dr. Camille Paglia", jordanbpeterson.com, https://jordanbpeterson.com/docs/Transcripts/Peterson-Paglia.pdf.

> O privilégio de estabilidade costumava outorgar liberdade acadêmica por meio da segurança no emprego. Até agora, décadas de adjunção tornaram o professorado medroso, insular e conformista. De acordo com a AAUP, o corpo docente adjunto tem cerca de metade da probabilidade de empreender projetos de pesquisa arriscados, e a timidez sobe na hierarquia. "Profissionalização" significa adaptar sua pesquisa para que ela acomode os modismos críticos que o tornarão um pouco mais empregável. Significa cortar e adicionar capítulos para que as águas não sejam agitadas. Os professores juniores não se arriscam – conceitual, política e formalmente – porque escrevem para comitês de cargos e estabilidade, e não para leitores. As publicações servem às carreiras antes de servirem à cultura[104].

À medida que as faculdades operam cada vez mais como empresas que servem os consumidores, o poder institucional do pessoal acadêmico em relação aos estudantes e à administração será drasticamente reduzido, tal como a segurança do seu emprego. À medida que as faculdades evoluem, deixando de ser instituições formativas, na direção de se tornarem prestadoras de serviços acadêmicos para consumidores que devem ser satisfeitos, os administradores – que agora controlam fundamentalmente a direção de suas instituições – são muito mais propensos a sufocar a liberdade acadêmica do corpo docente a fim de fornecer uma experiência otimizada para as preferências cada vez mais exigentes dos alunos[105].

A ascensão das redes sociais também aumentou enormemente o julgamento social a que as pessoas estão expostas, bem como a possibilidade de a opinião pública ser alavancada à força para acabar com opiniões impopulares ou politicamente incorretas e silenciar aqueles que as defendem. A maior exposição das pessoas ao julgamento social

---

104 Birmingham, Kevin. "The Great Shame of Our Profession", The Chronicle of Higher Education, 12 de fevereiro de 2017, https://www.chronicle.com/article/ The-Great-Shame-of-Our/239148.

105 Lukianoff, Greg e Haidt, Jonathan. *The Coddling of the American Mind: How Good Intentions and Bad Ideas Are Setting Up a Generation for Failure*. Nova York: Penguin, 2018, 197–99.

e à vulnerabilidade à ameaça de exclusão, julgamento negativo e outras sanções sociais está gradualmente sufocando uma cultura de liberdade de expressão em muitos círculos e encorajando uma espécie de conformidade performativa.

A amplitude e variedade das ameaças à liberdade de expressão na sociedade ocidental contemporânea devem ser consideradas. Muitas delas não são ataques diretos, mas são, pelo menos em certa medida, uma consequência inadvertida da mudança das condições sociais, econômicas, institucionais e tecnológicas. A luta pela liberdade de expressão pode não ser tão simples como um conflito entre bandidos e mocinhos, mas pode ser algo mais próximo da busca de um novo equilíbrio num ecossistema perturbado.

LIBERDADE DE EXPRESSÃO REFORMULADA

O valor da liberdade de expressão é comumente entendido como permissão para se contestar a opinião popular, ortodoxa ou estabelecida. Historicamente, é o *establishment* totalitário, que procura calar as vozes e parar a ação dos seus críticos, que funciona mais tipicamente como o contraponto imaginativo para o valor da liberdade de expressão. O Movimento pela Liberdade de Expressão em Berkeley, na década de 1960, por exemplo, era um movimento de esquerda que procurava desafiar as limitações do discurso político no campus em questões como os direitos civis e a Guerra do Vietnã. Estamos atualmente testemunhando uma mudança na importância social e política do princípio da liberdade de expressão, à medida que esse se torna um grito de guerra da direita contra uma esquerda culturalmente ascendente[106].

Não é, de modo algum, fácil separar o apoio às causas específicas, pelas quais o princípio da liberdade de expressão é alavancado, do apoio ao próprio princípio da liberdade de expressão. Gooch observa: "A liberdade de expressão, tal como o direito a um julgamento justo e

106 Embora tenha tido menos sucesso na arena política, a esquerda domina agora a academia, as artes, os meios de comunicação e o entretenimento, e as suas respectivas instituições.

à presunção de inocência, é uma virtude processual, razão pela qual os fanáticos e os revolucionários a odeiam"[107]. Aqueles que podem ser firmemente a favor da liberdade de expressão quando se trata de "falar a verdade ao poder" podem estar menos favoravelmente inclinados a proteger o discurso de alguém que divulga pesquisas que desafiam valores progressistas em questões como raça, sexo ou sexualidade, considerando-os como fortalecedores das próprias forças opressivas que eles procuram derrubar.

Peterson, com frequência, caracteriza os seus principais oponentes como "neomarxistas pós-modernos"[108]. "Pós-moderno" refere-se à "sua afirmação de que (1) uma vez que há um número incontável de maneiras pelas quais o mundo pode ser interpretado e percebido (e essas estão intimamente associadas), então (2) nenhuma maneira canônica de interpretação pode ser derivada de forma confiável"[109]. Uma outra característica fundamental deste grupo – e uma das principais razões pelas quais eles são chamados de "neomarxistas" – é a sua estruturação da sociedade em termos de uma luta entre opressores e oprimidos.

Para tal ideologia, as reivindicações de verdade podem ser rotineiramente tratadas com suspeita, como reivindicações de poder veladas, e pode haver um foco intenso na identidade do partido que as promove (por exemplo, o apoio de Peterson à liberdade de expressão pode ser patologizado e descartado como fundamentalmente impulsionado por seus interesses e privilégios como um "*cishet*" – cisgênero, heterossexual – homem branco). Isso, às vezes, pode levar a uma adesão cínica ao princípio bolchevique "*kto kogo*?" da conveniência política, embora, muitas vezes, a realidade possa ser um pouco mais complicada[110].

---

107 Gooch, "Dying for the Right to Say It".

108 Para saber mais a esse respeito, consular o capítulo de Hunter Baker neste volume.

109 Peterson, Jordan B. "Postmodernism: Definition and Critique (with a Few Comments on Its Relationship with Marxism)", jordanbpeterson.com, 25 de maio de 2018, https://jordanbpeterson.com/philosophy/postmodernism-definition-and-critique-with-a-few-comments-on-its-relationship-with-marxism/.

110 "*Kto kogo*?" pode ser traduzido como "quem, a quem?" Em outras palavras, qual de duas ou mais partes concorrentes obterá uma vantagem por meio de uma determinada medida?

Os valores culturais podem encontrar-se em conflito e, em tais situações, nem sempre está claro quais os valores que devem ter precedência. É importante reconhecer os valores que são comumente invocados contra a liberdade de expressão no contexto contemporâneo. Embora ocasionalmente se encontrem apelos ao patriotismo ou à autoridade governamental, hoje em dia é muito mais frequente que a oposição à liberdade de expressão surja do apoio a valores como segurança, diversidade, inclusão e igualdade. A liberdade de expressão, em muitos dos nossos contextos, é agora vista principalmente como uma ameaça para os membros mais vulneráveis ou marginais da sociedade, ficando o sistema encarregado de ser o patrono e guardião desses grupos. O valor da contestação de ideias, que a liberdade de expressão defende, é muito mais difícil para a esquerda aceitar quando potencialmente permite o questionamento e até mesmo a deslegitimação de ideologias e reivindicações que parecem empoderar os marginalizados ou as minorias.

PERDA DE FÉ NA LIBERDADE DE EXPRESSÃO

A sociedade mudou muito desde a década de 1960, quando o Movimento pela Liberdade de Expressão ganhou destaque. Nossa sociedade é menos homogênea e mais diversificada e atomizada. As mulheres têm mais protagonismo na vida pública. Velhas ortodoxias e normas religiosas e sociais foram derrubadas. As nossas instituições sociais, políticas e acadêmicas são menos dominadas por homens brancos provenientes de meios social e economicamente favorecidos. Instituições como a universidade incluem agora uma proporção e um corte transversal consideravelmente maiores da população e estão orientadas para diferentes fins sociais e econômicos. Um em cada três adultos norte-americanos concluiu agora uma educação universitária, em comparação com um em cada vinte em 1940[111].

---

111 Ryan, Camille L. e Bauman, Kurt. "Educational Attainment in the United States: 2015—Population Characteristics: Current Population Report", census.gov, março de 2016, https://www.census.gov/content/dam/Census/library/publications/ 2016/demo/p20-578.pdf.

O que uma vez foi, em grande parte, uma instituição masculina branca que preparava as elites acadêmicas, políticas, profissionais e sociais serve agora como uma instituição quase meritocrática para credenciar as classes médias.

Uma cultura de liberdade de expressão abre arenas para a contestação potencialmente desestabilizadora e ameaçadora de ideias na sociedade. Isso não é algo fácil de fazer. Requer considerável confiança, energia e segurança tanto por parte da cultura como por parte daqueles que participam dessas arenas. Normalmente requer algum grau de fé na eficácia do discurso e na possibilidade de persuasão. Por fim, tal como outras virtudes procedimentais, a liberdade de expressão também requer a crença de que serve a um bem verdadeiramente comum e ao compromisso de utilizá-la em conformidade.

Quando os locais de debate público eram muito mais restritos pelas limitações e órgãos da mídia impressa tradicional; quando os participantes eram esmagadoramente homens brancos socioeconomicamente seguros; quando a sociedade era muito menos demográfica, religiosa e ideologicamente diversificada; e quando a liberdade de expressão serviu principalmente para conter o domínio de instituições e autoridades sociais poderosas, o conflito ideológico que a liberdade de expressão outrora protegia na sociedade era bastante menos ameaçador. Será difícil compreender o declínio do valor da liberdade de expressão sem considerar tais fatores.

Steven D. Smith argumentou que o debate público tem sido continuamente expurgado da religião porque se acredita que a religião é um obstáculo à conversa: conversas significativas sobre nossos objetivos e valores mais profundos tendem a fracassar ou, pior, a estimular a agitação social ou conflito[112]. À medida que a demografia da sociedade, em geral, e dos seus domínios do debate público, em particular, se tornou mais diversificada em aspectos como ideologia, raça, religião,

112 Smith, Steven D. *Disenchantment of Secular Discourse*. Londres: Harvard University Press, 2010, 211.

gênero e antecedentes culturais, os liberais tornaram-se cada vez mais exaltados com a liberdade de expressão. Eles defendem, com mais frequência a restrição, o respeito e o desencorajamento – ou, mais vigorosamente, a restrição – da conversa sobre uma gama crescente de questões, para que as partes menos vulneráveis da sociedade não sofram[113]. À medida que as identidades dos participantes no nosso debate público são mais frágeis, o discurso que desafia as ideologias, às quais os seus grupos apelam devido ao seu status na sociedade, será mais facilmente patologizado como discurso de ódio. À medida que nossos objetivos e valores mais profundos são excluídos do discurso cultural, a manifesta falta de articulação da esquerda progressista sobre seus valores morais impulsionadores e seu abandono do diálogo por táticas antidiscurso quando esses valores são questionados torna-se mais explicável.

Num artigo instigante, Scott Alexander compara uma cultura de liberdade de expressão com um bem comum[114]. Comentando sobre a forma como alguns dos supostos defensores da liberdade de expressão têm procurado celebrar esse valor ao darem palanque aos oradores mais provocadores que eles podem encontrar, ele sugere que isso pode ser contraproducente:

> Cada vez que algum grupo invoca a liberdade de expressão para dizer algo controverso, eles estão recorrendo aos bens comuns – o que é bom, é para isso que existem os bens comuns. Presumivelmente, os bens comuns reabastecem-se a um ritmo lento à medida que as pessoas aprendem filosofia ou se envolvem em situações em que a liberdade de expressão protege a elas e aos seus aliados.
>
> Mas se você retirar recursos dos bens comuns muito rapidamente, então os bens comuns desaparecem. Quando os provocadores dizem as coisas mais ultrajantes possíveis e

113 Smith, Steven D. *Disenchantment of Secular Discourse*, 224.

114 Alexander, Scott. “Sacred Principles as Exhaustible Resources”, Slate Star Codex, 11 de abril de 2017, http://slatestarcodex.com/2017/04/11/sacred-principles-as-exhaustible-resources/.

> depois recuam para "ah, mas liberdade de expressão", eles estão queimando os bens comuns sem motivo, em detrimento de todos os outros que precisam deles[115].

A propagação do tipo de "neomarxismo pós-moderno" que Peterson descreve agrava ainda mais esse problema do outro lado: nenhum bem comum pode ser verdadeiramente partilhado por opressores e oprimidos, criando contextos inimigos de bens procedimentais robustos. Teóricos como Herbert Marcuse (1898-1979) também desafiaram a ideia da liberdade de expressão e outras liberdades relacionadas como coisas que deveriam ser concedidas a todos os lados, insistindo que os opressores não deveriam receber tais liberdades e que, quando recebem, não há garantia de que a boa vontade prevalecerá[116]. Na verdade, a experiência da Alemanha com a ascensão do nazismo pode sugerir o contrário. Marcuse expressou o seu ponto de vista de forma incisiva: "A tolerância libertadora, então, significaria intolerância contra os movimentos da direita e tolerância com os movimentos da esquerda"[117]. Nem há qualquer confiança na existência ou eficácia da verdade como algo transcendental em direção ao qual todas as partes são ordenadas e pelo qual todos podem ser julgados: tudo se transforma em poder.

UM ETOS DE VÍTIMA

Bradley Campbell e Jason Manning descreveram a transição histórica do Ocidente de uma cultura de honra para uma cultura de dignidade e para uma cultura de vitimização[118]. Enquanto as culturas

---

115 Alexander, "Sacred Principles".

116 Wolff, Robert Paul; Jr. Barrington Moore; e Marcuse, Herbert. *A Critique of Pure Tolerance*. Boston: Beacon, 1969.

117 Wolff, Robert Paul; Jr. Barrington Moore; e Marcuse, Herbert. *Critique of Pure Tolerance*, 109.

118 Campbell, Bradley e Manning, Jason. "Microaggression and Moral Cultures", Comparative Sociology 13, no. 6 (2014): 692–726; Campbell, Bradley e Manning, Jason. *The Rise of Victimhood Culture: Microaggression, Safe Spaces, and the New Culture Wars*. Cham, Suíça: Palgrave Macmillan, 2018.

de honra e dignidade celebram a força, a ação e a independência das pessoas, uma cultura de vitimização promove a dependência e um impulso competitivo por status de vítima ou de defensor das vítimas. Ela se desenvolve em conjunto com uma preocupação crescente com a igualdade e a diversidade em contextos que são altamente diversos e igualitários e é garantida por uma proliferação de entidades administrativas e organismos de pessoas aos quais as vítimas podem recorrer. A presença de um número crescente de mulheres, minorias e pessoas com identidades fragilizadas na nossa vida pública, juntamente com a ascensão dos meios de comunicação social e radicalmente democráticos por intermédio da internet, criou condições propícias ao surgimento de uma cultura de vitimização e implicou mudanças marcantes no nosso etos institucional e social.

Peterson especulou que o que podemos estar vendo, em parte, é a ascensão de uma espécie de totalitarismo feminino, à medida que as mulheres gozam de maior influência na vida pública[119]. Ele também conduziu pesquisas que sugerem que o apoio ao politicamente correto e as suas restrições ao discurso estão correlacionados não apenas com traços femininos mais comuns, mas também com a própria feminilidade[120]. Impulsionada pela dinâmica de gênero de uma compaixão materna e pelas preocupações mais femininas com inclusão, igualdade e segurança, em contraste com os valores masculinos combativos que antes dominavam a vida pública e sustentavam culturas de honra e dignidade, a sociedade está sendo constantemente reordenada em torno de princípios como o da vitimização. Essa teoria é reforçada pelo fato de o politicamente correto ser mais poderoso em disciplinas e contextos dominados por mulheres e pelo fato de as

---

119 Bite-Sized Philosophy, "Jordan Peterson—The Rise of a Female Totalitarianism?", vídeo do YouTube, 4:18, 6 de março de 2017, https://www.youtube.com/watch?v =Xw1lthwHn9U.

120 Kaufman, Scott Barry. "The Personality of Political Correctness", Beautiful Minds (blog), Scientific American, 20 de novembro de 2016, https://blogs.scientificamerican.com/beautiful-minds/the-personality-of-political-correctness/.

formas características de conflito adotadas pelo movimento de justiça social se assemelharem muito às tácticas de conflito indireto típicas da competição intrassexual feminina.

Como observa Peterson, a empatia – a virtude definidora do movimento pela justiça social – está longe de ser algo inequivocamente positivo. Pode ser um instinto polarizador, dividindo o mundo entre aqueles percebidos como crianças vulneráveis, a serem encapsuladas por uma proteção materna, e predadores, a serem feroz e impiedosamente atacados[121]. Quando esses instintos estão especialmente menos ocupados na criação dos filhos, eles podem causar problemas consideráveis na sociedade. O caráter polarizador de tais instintos também os torna hostis às virtudes procedimentais que dependem de algum sentido de bens que partilhamos com os nossos adversários ideológicos. Para usar uma taxonomia petersoniana, as pessoas que defendem a liberdade de expressão contra figuras paternas tirânicas podem estar aprovando muito menos o seu emprego contra figuras maternas hiperprotetoras.

Além desses pontos, existe o problema agravado de que a tradição ocidental do debate público – como muitas outras tradições em todo o mundo – tem dependido fortemente de uma cultura masculina altamente agente e combativa, que celebra virtudes como força, coragem, domínio e honra. A cultura de expressão das mulheres acomoda naturalmente menos coisas como o combate ritual do debate e está muito mais inclinada a empregar tácticas indiretas contra os oponentes, e a sociedade em geral tem tido dúvidas sobre como tratar as mulheres como combatentes, especialmente contra os homens[122].

---

121 Ver também Paul Bloom, *Against Empathy: The Case for Rational Compassion*. Nova York: HarperCollins, 2016.

122 Em algumas das suas declarações mais controversas até o momento presente, Peterson discutiu as táticas limitadas a que os homens podem recorrer quando estão em conflito com as mulheres (Peterson e Paglia, "A Conversation"). Veja o trabalho de figuras como Deborah Tannen para discussão sobre diferenças típicas entre culturas de discurso masculinas e femininas.

O ARGUMENTO DE PETERSON PARA A LIBERDADE DE EXPRESSÃO

Os argumentos a favor da liberdade de expressão de liberais clássicos como Peterson, com frequência, centram-se principalmente naquilo que Isaiah Berlin (1909-1997) chamou de liberdade negativa: a liberdade de expressão é a liberdade de restrições externas à nossa expressão pessoal. A liberdade de expressão é, portanto, enquadrada por valores de autonomia individual e autoexpressão, mas não está claramente ordenada para qualquer fim superior. Encontrado no contexto da tradição liberal clássica mais geral, o argumento de Peterson a favor da liberdade de expressão pode ser nada menos que surpreendente.

O que faz com que a abordagem de Peterson à liberdade de expressão se destaque é a profundidade das suas raízes filosóficas, o quão positivo é o seu valor. A liberdade de expressão baseia-se não na autonomia celebrada por uma filosofia individualista, mas na realidade e na nossa relação com ela.

Qualquer pessoa familiarizada com o trabalho de Peterson deveria ficar impressionada com o peso que ele dá à noção de discurso verdadeiro. Ele dedica dois capítulos de *12 Regras para a Vida* a isso: um sobre dizer a verdade e outro sobre precisão no discurso[123]. Como muitos outros liberais clássicos, Peterson enquadra principalmente a sua discussão sobre a liberdade de expressão em contraste com o totalitarismo. No entanto, no relato de Peterson, a liberdade de expressão não existe prioritariamente para proteger os direitos do indivíduo, mas para proteger a transcendência da verdade e a nossa responsabilidade para com ela:

> A maior tentação da faculdade racional é glorificar a sua própria capacidade e as suas próprias produções e afirmar que, face às suas teorias, nada de transcendente ou fora do seu domínio necessita de existir. Isso significa que todos os fatos importantes foram descobertos. Isso significa que nada importante permanece desconhecido. Mas o mais importante é que significa a negação

123 Peterson, Jordan B. *12 Rules for Life: An Antidote to Chaos*. London: Allen Lane, 2018.

> da necessidade de um confronto individual corajoso com o Ser. O que vai te salvar? O totalitário diz, em essência: "Você deve confiar naquilo que já sabe". Mas não é isso que salva. *O que salva é a vontade de aprender com o que você não sabe*. Essa é a fé na possibilidade da transformação humana. Isso é fé no sacrifício do eu atual pelo eu que poderia existir. O totalitário nega a necessidade de o indivíduo assumir a responsabilidade final pelo Ser[124].

O totalitarismo surge do abandono de uma sociedade de aspectos transcendentais como a verdade, da vontade tanto dos líderes da sociedade como dos seus membros de tolerarem a infiltração constante de mentiras nas suas vidas, até que essa acumulação de mentiras se transforme em vastos sistemas de mentiras para além do nosso controle.

Ao defender a liberdade de expressão, o primeiro impulso de Peterson parece ser alertar as pessoas para a verdade e a realidade para além de nós. Para Peterson, a sociedade e a realidade habitável baseiam-se no *Logos*, que ele entende como o discurso que convoca a ordem a partir do caos, que confecciona o Ser a partir da desordem. É a palavra que dá vida à sociedade; e a negligência, o abandono ou a rejeição dela significa destruição para a sociedade. A liberdade de expressão, na opinião de Peterson, está subordinada a ter a verdade como fim, e não à mera autonomia individual e à autoexpressão voluntária. Como tal, a liberdade de expressão é uma responsabilidade, não apenas um direito.

Peterson discute, mais adiante, a liberdade de expressão em termos do processo de pensamento no envolvimento com a realidade. Ele apresenta o pensamento como uma questão de dialética, com pontos de vista opostos ou contrastantes, aplicando entre si testes de estresse e aprimorando-se mutuamente por meio de trocas desafiadoras. Num mundo ideal, teremos internalizado várias vozes complexas, que podem ser usadas para testar as nossas opiniões nas nossas próprias mentes. Contudo, é relativamente raro ver tal capacidade ser altamente

124 Peterson, Jordan B. *12 Rules*, 218 (ênfase original).

desenvolvida e, portanto, o processo de pensamento depende sobretudo da nossa interação com vários pontos de vista conflitantes proferidos. A liberdade de expressão existe, portanto, para proteger o pensamento[125].

Onde não há liberdade de expressão, as pessoas ficam vulneráveis à possessão ideológica. Em vez de falarem cuidadosamente a verdade bem diferenciada, eles cuspirão opiniões de grupo e slogans oficiais inteiramente previsíveis, que substituem o pensamento genuíno que o envolvimento dialético encoraja. Como somos seres falíveis, a liberdade de expressão protege o nosso direito de estarmos errados e de cometermos erros de uma forma que seja mais propícia à superação deles com uma compreensão corretiva.

O envolvimento genuíno com a realidade é, muitas vezes, difícil e doloroso, e qualquer conversa realmente séria precipitará ou constituirá tal envolvimento. Pela nossa própria experiência, devemos reconhecer que as conversas sobre as coisas que mais importam raramente vão longe sem que, pelo menos, uma das partes, até certo ponto, se sinta ofendida. Poucos de nós apreciam experiências difíceis e, como consequência, somos naturalmente atraídos por mentiras paliativas. No entanto, as sociedades e as pessoas que valorizam a verdade e o envolvimento com a realidade irão proteger e ter conversas difíceis, justamente porque proporcionam uma visão e um conhecimento da realidade.

Embora grande parte do trabalho de Peterson seja dedicado ao trabalho horizontal de identificar e desafiar as forças que se opõem e comprometem a liberdade de expressão na sociedade, é essencial compreender também o seu trabalho vertical de relacionar a liberdade de expressão com o transcendental referente à verdade e à formação do indivíduo. Peterson procura reviver a liberdade de expressão na sociedade moderna, não apenas na prática como uma forma de liberdade negativa para o indivíduo, mas também como algo fundamentado na mais profunda convicção moral e metafísica.

---

125 Peterson, Jordan B. "On the Vital Necessity of Free Speech (Are You Listening, Saudis?)", vídeo do YouTube, 30:51, 20 de agosto de 2018, https://www.youtube.com/ watch?v=EuNeqawPuuY.

A PRÁTICA DE LIBERDADE DE EXPRESSÃO DE PETERSON

Além de defender o valor da liberdade de expressão, Peterson exemplificou, na sua própria prática, o poder disruptivo dos novos meios de comunicação e o seu potencial para limitar o poder dos antigos guardiões de calarem vozes que consideram ameaçadoras. Por intermédio de mídias como o *YouTube*, o *Twitter* e seu blog pessoal, Peterson tem acesso a um vasto público que supera em muito qualquer outro ao qual ele teria acesso anteriormente. Confrontado com a ameaça à sua subsistência e plataforma representada pela oposição dentro e fora da Universidade de Toronto, ele conseguiu obter níveis de apoio financeiro por meio de websites de financiamento coletivo que superam largamente qualquer coisa que ele teria ganho como professor universitário regular. Na turnê de palestras em apoio ao *12 Regras para a Vida*, ele também teve uma imensa multidão nas suas palestras, muito mais do que alguma vez teria tido acesso no seu posto acadêmico.

Mais recentemente, Peterson excluiu sua conta do Patreon por acreditar que o Patreon baniu Carl Benjamin (também conhecido como Sargon de Akkad), um proeminente polemista de direita, por motivos questionáveis[126]. Peterson e Dave Rubin têm trabalhado no desenvolvimento de um site de financiamento alternativo, assumindo uma preocupação ativa em abordar os complicados aspectos práticos de garantir e proporcionar liberdade de expressão num contexto em que os meios de expressão estão cada vez mais concentrados nas mãos de algumas grandes corporações on-line[127].

Embora essas coisas sejam, em grande medida, o resultado do seu elevado nível de influência e do seu peculiar apelo às massas, elas também ilustram a possibilidade genuína de assegurar uma

126 Peterson, Jordan B. "Patreon Account Deletion", vídeo do YouTube, 15 de janeiro de 2019, https://www.youtube.com/watch?v=WrZDcEix7uk.

127 Peterson, Jordan B. "Patreon Account Deletion", vídeo do YouTube, 4:16, 1º de janeiro de 2019, https://www.youtube.com/watch?v=Zp9ZJiFFBnU.

autonomia muito maior para o nosso discurso do que teria sido possível no passado. Um número crescente de pessoas está se afastando das instituições culturais mais oficiais e estabelecidas e indo na direção das personalidades dos novos meios de comunicação social. É difícil imaginar a ascensão de Peterson à proeminência sem tais mudanças no nosso ecossistema social.

A chamada *Dark Web*[128] intelectual, apesar de todas as suas pretensões ocasionalmente exageradas de peso acadêmico, é um novo fenômeno e verdadeiramente significativo: um movimento descentralizado de pensadores heterodoxos que têm atraído vastas audiências on-line[129]. O poder das instituições tradicionais de controle está sendo rapidamente corroído por tais movimentos, que estão minando a sua capacidade de controlar narrativas (embora certas empresas estejam se tornando cada vez mais poderosas). Confrontadas com acusações selvagens contra alguém como Peterson, pessoas curiosas podem facilmente ouvir centenas de horas de suas palestras. Tal como uma babá que perde o controle sobre as suas crianças desordeiras, o desespero de várias figuras da esquerda é ouvido na crescente estridência das suas denúncias de personagens como Peterson. A autoridade prática que antes poderia ser presumida a respeito dos meios de comunicação tradicionais e das instituições acadêmicas diminuiu manifestamente.

A famosa entrevista de Peterson no Channel 4 com Cathy Newman é uma ilustração desse conflito entre os velhos e os novos meios de comunicação. Um segmento extremamente resumido da entrevista foi inicialmente transmitido apenas para uma audiência britânica

---

128 A *Dark Web* é o coletivo oculto de sites da internet que só podem ser acessados com um navegador de internet especializado. Ela é usada para manter atividades anônimas e privadas na internet, algo que pode ser útil em contextos legais e ilegais. Embora algumas pessoas a utilizem para evitar a censura do governo, sabe-se que ela também é empregada para atividades altamente ilegais. https://www.kaspersky.com.br/resource-center/threats/deep-web. A *Dark Web* não é a mesma coisa que a *Deep Web*. Na verdade, a *Dark Web* é apenas uma pequena fração da *Deep Web*, que contém principalmente sites benignos, como contas de e-mail protegidas por senha, certas partes de serviços de assinatura paga, como Netflix, e sites acessíveis apenas por meio de formulários online. https://www.britannica.com/topic/dark-web. (N. T.)

129 Weiss, Bari. "Meet the Renegades of the Intellectual Dark Web", New York Times, 8 de maio de 2018, https://www.nytimes.com/2018/05/08/opinion/intellectual-dark-web.html.

relativamente pequena. Esse trecho teria sido rapidamente esquecido se a entrevista não tivesse sido postada na íntegra no *YouTube*, onde recebeu bem mais de 10 milhões de visualizações de um público mundial. Nesse formato, ilustrou poderosamente a incapacidade dos principais meios de comunicação social de se envolverem de forma ponderada com pontos de vista heterodoxos. Também revelou o quão exatamente pobre é o meio televisivo clássico para o intercâmbio e debate intelectual substancial e profundo, quando comparado com o alcance oferecido por um meio como o *YouTube* (Peterson normalmente publica vídeos com mais de uma hora de duração). Peterson vinha publicando os seus próprios vídeos no *YouTube* anos antes de se tornar uma figura amplamente conhecida por sua oposição ao Projeto de Lei C-16.

O site *Quillette* é outro exemplo do que a internet tornou possível. Um site de financiamento coletivo, o *Quillette* foi criado por Claire Lehmann, uma australiana que abandonou a pós-graduação em psicologia depois de ter um filho. Ela criou o site a fim de fornecer uma plataforma para vozes acadêmicas ponderadas que foram excluídas pelo consenso ideológico predominante. Funcionando com poucos recursos, o site passou por uma ascensão meteórica à proeminência, conquistando um público que supera muitos meios de comunicação tradicionais que são imensamente mais caros para se administrar.

RECUPERANDO A LIBERDADE DE EXPRESSÃO

Apesar do sucesso de Peterson e de outros na procura de audiências fora dos canais de comunicação social estabelecidos, persistem os problemas práticos. As preocupações pragmáticas do liberalismo progressista a respeito da liberdade de expressão pujante numa sociedade altamente diversificada e atomizada não são inteiramente injustificadas. Queremos realmente tolerar, e muito menos encorajar, conversas perturbadoras sobre os nossos valores mais caros ou sobre as nossas questões sociais mais sensíveis, especialmente porque a arena do debate público carece dos limites que antes poderiam ter refreado com mais segurança os seus perigos potenciais? Queremos correr o risco de incitar o conflito ao defender formas de discurso que provavelmente venham favorecer os homens em detrimento das mulheres e os privilegiados em detrimento dos marginalizados? Queremos praticar uma espécie de tolerância que deixe a porta aberta à propagação de pontos de vista extremistas quando no passado nos provamos incapazes de os deter por meio de argumentos? Essas preocupações não são irracionais e, embora Peterson defenda acertadamente o valor da liberdade de expressão dos seus ataques, é difícil ver uma recuperação da liberdade de expressão ocorrendo sem uma tentativa proativa de abordá-las de forma positiva.

Poderíamos, justificadamente, defender um maior grau de cautela ou ambivalência em relação a questões como o aumento da diversidade, a inclusão das mulheres em espaços tradicionalmente masculinos e a abertura da instituição universitária a uma proporção maior da população – desenvolvimentos que o sistema da ortodoxia estabelecida insiste que são bens imaculados. Essas coisas podem, se não forem tratadas com sabedoria, perturbar os valores necessários da liberdade de expressão. No entanto, identificar as causas de alguns dos nossos problemas e dificuldades complexas não é o mesmo que ter soluções, e há vários gênios que não podemos – nem devemos desejar – colocar de volta nas suas garrafas.

A firme defesa da liberdade de expressão por parte de Peterson é louvável e profundamente necessária, no entanto, não está claro para mim como é que ele pode dissipar as preocupações centrais mais razoáveis dos seus críticos e estabelecer as condições práticas necessárias para uma proteção cultural mais ampla desse valor. Há um momento para aumentar as antíteses ideológicas, mas talvez o nosso desafio cultural mais profundo seja o de forjar um novo bem comum viável entre várias partes que atualmente percebem que os seus interesses estão numa luta de soma zero pelo domínio e são, consequentemente, muitas vezes resistentes aos bens procedimentais. Aqui Peterson pode ser melhor na identificação de características do problema do que na oferta de respostas que permitam a sua resolução substancial. Isso não é para culpar Peterson, mas para enfatizar que harmonizar o valor da liberdade de expressão com outros valores importantes no nosso ambiente social e tecnológico contemporâneo é um problema consideravelmente mais complicado do que muitos podem acreditar. O que a liberdade de expressão mais precisa nos nossos dias pode não ser de guerreiros que lutem pela sua causa, mas sim de pessoas astutas e conciliatórias que sejam dotadas de talento para formar instituições sociais e para reconciliar os interesses das partes opostas.

Mesmo nos termos da própria filosofia de Peterson, a ascensão de um movimento como o da *Dark Web* intelectual representa um afastamento dos fins maiores aos quais a liberdade de expressão deveria aspirar. Ao mesmo tempo que permite uma maior autonomia de vozes heterodoxas, arrisca diminuir a disputa dialética que tanto aguça como constitui o pensamento rigoroso. À medida que essas vozes se retiram para os seus próprios enclaves, onde têm um envolvimento limitado e esclarecedor com pontos de vista desafiantes, elas se arriscam a, cada vez mais, caírem nos sulcos de linhas partidárias obsoletas e que não recebem atenção suficiente. A universidade historicamente aspirava ser um local vibrante para testar conversas. Por estar deixando a desejar nesse aspecto, movimentos como a *Dark Web* intelectual correm o risco de ser apenas uma entre muitas tribos balcanizadas de pensadores, em vez de um verdadeiro local de conversação que une muitas partes.

Devemos ter em mente que o apelo de coisas como a entrevista de Peterson ao Channel 4 é encontrado, em grande medida, na sua reintrodução do envolvimento dialético num ambiente cultural que estava patentemente desprovido dele. Foi uma conversa difícil e desafiadora, com opiniões culturalmente desagradáveis sendo expressas, mas o resultado foi tão estimulante para muitos espectadores porque eles tiveram a sensação de que, por um momento, estávamos nos conectando com uma realidade mais profunda do que o giro político e a ideologia papagueada.

Uma liberdade de expressão que seja meramente o direito de dizer o que queremos, por mais provocativo que seja, não tem muito que ser elogiada acima da posição dos seus principais oponentes no Ocidente, que são, pelo menos muitas vezes, motivados por algum tipo de preocupação pelo bem-estar do próximo. Peterson merece a nossa admiração pela sua defesa empenhada e corajosa do valor da liberdade de expressão na sua prática. Embora as ações e declarações de Peterson em apoio à liberdade de expressão tenham recebido amplo reconhecimento, o seu envolvimento filosófico mais profundo com o valor – como uma vivência corajosa da nossa responsabilidade para com o Ser – merece muito mais atenção e consideração do que tem recebido até agora.

À medida que enfrentamos a enorme tarefa de reavivar uma cultura de liberdade de expressão numa sociedade que é justificadamente cautelosa no que diz respeito às ameaças e dificuldades que a acompanham, para não dizer ativamente hostil a ela, uma preocupação renovada das realidades que fundamentam uma verdadeira valorização da liberdade de expressão pode revelar-se um incentivo inestimável. Em longo prazo, poderá ser que esse quadro teórico venha a revelar-se a contribuição mais duradoura de Peterson nessa área.

CAPÍTULO 4

Mito, Memoricídio e Jordan Peterson

Ron Dart

No começo era o mito.

– Herman Hesse, Peter Camenzind

Sempre se presumiu que as coisas mais importantes no Evangelho são as máximas e os mandamentos éticos. Mas, para mim, o mais importante é que Cristo fala em parábolas tiradas da vida, que Ele explica a verdade em termos da realidade cotidiana.

– Thomas Merton, "O Caso Pasternak"

Infelizmente, grande parte do foco em Jordan Peterson nunca vai muito mais fundo do que uma espécie de demonização tola ou sutil, por um lado, ou hagiografia acrítica (que Peterson rejeita, mas é frequentemente vítima), por outro. Há, entretanto, mais em Peterson do que a maneira como seus detratores e fãs o retratam? Existem muitos portais para suas amplas tendências literárias, mas, neste ensaio, vou tratar especificamente de seu interesse a respeito da sabedoria perene e dos insights dos mitos e dos contos de fadas, e o que tais narrativas revelam (ou ocultam) sobre nossa jornada demasiadamente humana.

A FORMA MÍTICA DE CONHECER

Tem havido uma tendência no Ocidente de comparar e contrastar duas formas de conhecer e ser. Por um lado, está o caminho do "*Logos*", no qual a razão, quando exercida de maneira empírica, indutiva, dedutiva, lógica e matemática, fornece os fatos concretos da realidade – esse tem sido frequentemente visto como o caminho da "*Scientia*" (ou uma abordagem científica). Por outro lado, há o caminho do "*Mythos*", no qual a intuição, a história, a narrativa, a imaginação, a literatura e os contos de fadas revelam muito sobre a alma humana e a jornada da vida – esse tem sido visto como o caminho da "*Sapientia*" (ou uma abordagem de sabedoria). Um trabalho que via a primeira como superior foi *As Duas Culturas e a Revolução Científica* (1959), de C. P. Snow (1905-1980), que tendia a opor as virtudes do caminho científico aos vícios do caminho humanista clássico. Alguns anos antes, o respeitado poeta canadense Leonard Cohen (1934-2016) havia assumido o outro lado em *Let Us Compare Mythologies* ["Vamos Comparar Mitologias", em tradução livre] (1956), que destacou o papel do mito, considerando a visão de mundo científica (em sua forma variada e em camadas) uma espécie de mitologia.

No seu primeiro livro publicado, *Philosophy in the Mass Age* ["Filosofia na Era das Massas", em tradução livre] (1959), George Grant (1918-1988) estava profundamente alerta para o abismo entre essas duas formas de conhecimento e tentou reparar a brecha. No capítulo 2 do livro, "The Mythic and Modern Consciousness," ["A Consciência Mítica e Moderna", em tradução livre], Grant defendeu a forma mítica de conhecer contra o reducionismo de uma certa forma científica de conhecer. No entanto, no capítulo seguinte, ao procurar discernir um centro ético e um núcleo a partir do qual tomar decisões significativas, ele voltou-se para a forma investigativa e racional da lei natural.

A virada para o modo mítico de conhecer (e o que ele revela) tem uma longa história. No século XIX, por exemplo, podemos ver tal abordagem no elaborado trabalho de mitologia comparada do estudioso de ficção Edward Casaubon em *Middlemarch*, de George Eliot (1819-1880). Tal interesse foi investigado com maior profundidade psicológica por Carl Jung e Joseph Campbell (1904-1987), que dominavam o circuito de palestras das décadas de 1960 a 1980. Além disso, o mito tem grande importância na ficção de C. S. Lewis (1898-1963), J. R. R. Tolkien (1892-1973) e muitos dos outros Inklings[130]. O mais velho do movimento mitopoético dos homens na década de 1990 foi Robert Bly (1926-2021), cujo trabalho se baseou numa forma mítica de conhecimento. Em *Iron John: Um Livro sobre Homens* (1990), seu texto sagrado do gênero, *The Sibling Society* ["A Sociedade Fraternal", em tradução livre] (1997), e, mais recentemente, *More Than True: The Wisdom of Fairy Tales* ["Mais do que Verdade: A Sabedoria dos Contos de Fadas", em tradução livre] (2018), Bly desvendou o significado e a sabedoria do mito, dos arquétipos e dos insights perenes de Jung.

A virada para o mito (e para Jung) também tem uma clara conexão canadense. Já mencionei Leonard Cohen e George Grant, mas outras personalidades canadenses como Northrop Frye (1912-1991), Robertson Davies (1913-1995) e Margaret Atwood (e as conexões entre eles em Toronto) destacam a realidade de que tanto o interesse em quanto o compromisso com o mito como forma de compreender a estrutura e a anatomia do ser (tão essenciais ao pensamento de Peterson) certamente não estão à margem da vida intelectual canadense. De muitas maneiras, Frye antecipou as palestras públicas de Peterson sobre a Bíblia com suas próprias palestras bíblicas, incluindo a série "A Bíblia e a Literatura Inglesa"[131]. Robertson Davies

130 Os Inklings eram um grupo informal de escritores que incluía C. S. Lewis e J. R. R. Tolkien e que se conheceram em Oxford, Oxfordshire, Inglaterra, nas décadas de 1930 e 1940. Prezavam o valor da narrativa na ficção e encorajavam a fantasia. A despeito da ênfase em valores cristãos, o grupo incluía ateus, antroposofistas e participantes das mais variadas instituições religiosas. https://pt.wikipedia.org/wiki/The_Inklings. (N. T.)

131 University of Toronto, "The Bible and English Literature by Northrop Frye — Full Lectures" https://heritage.utoronto.ca/frye/full-lectures. Quando ele estava vivo, tive a sorte de me corresponder com Frye sobre alguns desses temas.

(1913-1995) (contemporâneo de Frye) estudou com C. S. Lewis em Oxford, portanto também há afinidades entre os modos mitopoéticos dos Inklings, Davies e Peterson.

Essa virada para o modo mítico de conhecimento por parte de Peterson e muitos outros não pretende minar o modo científico de conhecer. Em vez disso, esse modo pretende apenas corrigir um óbvio desequilíbrio histórico nas formas de ver e de ser. No entanto, de uma forma paradoxal, ele pode ser visto como mais científico na forma como honra os fatos mais profundos e a realidade da jornada humana. O ponto chave a se notar aqui é que a forma mítica de compreender a estrutura da psique humana é contrária ao tipo de liberalismo moderno que define a mente humana como uma *tabula rasa*, ou tela em branco, na qual escrevemos ou criamos a nossa própria identidade, e no processo nos tornarmos verdadeiramente livres e liberados. Isso pressupõe que não existe uma estrutura real com a qual nos sintonizemos; mas num espírito e numa tradição mais clássicos, um sentido de ordem, a natureza das coisas e a estrutura pressupõem as condições de *freedom* [liberdade de fazer o que quiser e o que se tem o poder de fazer] e *liberty* [ausência de limitações arbitrárias, tendo em vista todos os direitos de que se desfruta]. A questão central é a compreensão da natureza humana. Os Inklings, Campbell, Bly, Cohen, Grant, Frye, Davies, Atwood e Peterson estão de um lado da divisão, e os pensadores modernos tardios e muitos pensadores pós-modernos estão no lado oposto.

É, portanto, de certo modo irônico que Peterson seja frequentemente visto como um conservador reacionário, enquanto Campbell, Bly, Cohen, Grant, Frye, Davies e Atwood não o sejam; no entanto, cada um deles, à sua maneira diferente, mantém uma noção estrutural da natureza humana e uma forma literária e mítica de compreender tal estrutura. Tanto Bly quanto Peterson se inspiram no mesmo poço junguiano, mas aqueles que prestam atenção neles e os ouvem, muitas vezes, vêm de extremos opostos do espectro cultural e político.

Conservadores e liberais tendem a estar na mesma página no que tange ao reconhecimento da necessidade de compreender e interpretar a nossa jornada demasiadamente humana de uma forma que esteja enraizada e fundamentada no mito.

Em suma, a guinada de Jordan Peterson para o mito como forma de explicar a condição e a viagem humanas (ao mesmo tempo que respeita e honra a forma científica) significa que ele pertence a uma longa linhagem. Carl Jung – quem Peterson menciona repetidamente na sua explicação dos arquétipos, da sombra e de muitas outras coisas – é apenas um dos muitos pensadores comprometidos com o que o mito pode revelar sobre a condição humana. Aqueles que ignoram essa forma mítica mais profunda de conhecer e ser no pensamento e nas apresentações de Peterson perdem a estrutura e os poços mais profundos dos quais ele extrai.

Mas quais mitos devem ser levados em conta e por quê, e o que ocorre quando nos ajoelhamos diante de mitos que levam a becos sem saída e à beira de penhascos? Em suma, quais são os mitos que valem a pena conhecer e o que ocorre na alma, na sociedade e nas civilizações quando os antigos mitos da sabedoria e do discernimento não são conhecidos nem seguidos? E numa era dominada pelo memoricídio – a destruição da memória –, de que tipos de mitos estamos mais conscientes hoje, e como é que um professor conduz os interessados desde mitos introdutórios que muitos podem conhecer até os mitos mais substantivos? Peterson está perfeitamente consciente de que a maioria das pessoas modernas e pós-modernas têm pouca ou nenhuma memória dos mitos narrativos épicos e grandiosos das civilizações clássicas, mas estão expostas a certos mitos históricos e contos de fadas por meio dos meios de comunicação populares. Um bom professor começa com o que é conhecido e depois conduz os alunos a verdades ainda mais profundas – esse é o caminho de Peterson. Quais poderiam ser alguns dos mitos e contos de fadas mais conhecidos que a maioria conhece, que lições eles ensinam e como apontam para mitos ainda mais substantivos?

O MITO E BUSCA DE UM CAMINHO

Vivemos numa época em que as metanarrativas clássicas foram desmascaradas. A política identitária está no centro das atenções e não é oferecida qualquer orientação àqueles que procuram encontrar o caminho a seguir na sua jornada de vida. É essa tensão entre o anseio por significado e propósito e a eliminação de todos os marcos que antes ofereciam tal significado e propósito que criou o que Charles Taylor chama de "mal-estar da modernidade", ou que George Grant chama de "insinuações de privação"[132]. Peterson percebe, com muita clareza, que existe uma necessidade de contar as histórias antigas, mas de uma forma que não recue em banalidades piedosas e leituras problemáticas de textos sagrados clássicos. Peterson optou por recontar contos antigos como mitos, a fim de recuperar, de certa forma, a ética da virtude e a compreensão mais antiga da formação do caráter (ambas tradições que já foram tidas próximas e queridas por uma noção mais histórica de educação nas humanidades).

Deve-se notar que tanto os contos míticos populares como os mitos tradicionais mais substantivos não são falsidades nem históricos, embora a história seja frequentemente constituída por vários mitos em colisão. Todos sabemos, por exemplo, que *Guerra nas Estrelas*, *O Senhor dos Anéis*, *As Crônicas de Nárnia* e *Harry Potter* não são, num sentido literal, história, mas as verdades envolvidas nesses dramas míticos são ao mesmo tempo atemporais e oportunas. O mesmo pode aplicar-se, de diferentes maneiras, aos Contos de Fadas de Grimm, às muitas histórias de Hans Christian Andersen (1805-1875), às muitas histórias infantis de Tolstói (1828-1910), aos *Adágios* de Erasmo (1466-1536) ou aos Contos de Fadas de Hesse. Existem, porém, alguns contos míticos que Peterson explora mais do que outros.

Um deles é *Peter Pan*, que é, em muitos aspectos, um mito adequado e comovente que descreve bem os nossos tempos e o nosso espírito. O que há nesse clássico bastante contado que o torna relevante

132 Taylor, Charles. *The Malaise of Modernity*. Toronto: House of Anansi Press, 1998; Grant, George. *Technology and Empire: Perspectives on North America*. Toronto: House of Anansi Press, 1991, 135–43.

para a nossa era fragmentada? Peterson tende a retornar a alguns temas-chave[133]. Primeiro, há o Capitão Gancho, o adulto irado, vingativo, autoritário e envelhecido, que foi atacado pelo crocodilo com um relógio na barriga e perdeu uma mão nesse encontro. O relógio, claro, é o símbolo do tempo, que inevitavelmente consumirá a todos. O relógio que sempre faz tique-taque nos lembra de nossa mortalidade e do fim de todas as coisas em nossas jornadas terrenas (algumas das quais são mais curtas que outras, e algumas, como a do Capitão Gancho, incluem mais sofrimento do que outras). O papel do Capitão Gancho em *Peter Pan* ecoa o conto grego de Cronos (tempo cronológico), em que Cronos consome seus filhos. O mito é representado de forma atualizada no relacionamento do Capitão Gancho com o crocodilo e na raiva de Gancho sobre o que o tempo fez com ele e seus amigos e seguidores.

Se o Capitão Gancho representa aqueles que lamentam e ficam amargurados com a devastação do tempo, Peter Pan representa aqueles que fazem tudo o que podem para evitar crescer ao longo do tempo a fim de adquirirem uma noção mais sábia de verdadeira idade adulta. Ele e os seus Meninos Perdidos continuam a ser crianças imaturas – tal é a realidade, Peterson sugere frequentemente, de muitos homens nos seus vinte, trinta e quarenta anos no nosso espírito e cultura. "Pan" significa "todas as coisas" ou "tudo", e esses *pan-boys* ["garotos de Pan", em tradução livre] pensam que podem escolher para sempre entre uma multiplicidade de possibilidades e nunca enfrentarem as exigências do tempo. Resumindo, Peter Pan é o rei dos Garotos Perdidos, que se recusam a enfrentar os desafios de se tornarem adultos conforme o tempo exige.

Isso é melhor incorporado na atitude de Peter em relação a Sininho e Wendy. Para Peterson, Sininho reflete o tipo de mulher hiperidealizada que sempre permanece um joguete de múltiplos desejos. Resumindo, ela

---

133 Ver, por exemplo, Bite-Sized Philosophy, "Jordan Peterson — The Tragic Story of the Man-Child", vídeo do YouTube, 7:46, 27 de julho de 2017, https://www.youtube.com/ watch?v= JjfClL6nogo.

é uma coisa quase pornográfica que só um homem imaturo manteria na imaginação. Wendy, por outro lado, é uma mulher real que pede a Peter Pan e seus Garotos Perdidos que desenvolvam relacionamentos autênticos que não satisfaçam desejos fantasiosos. Mas Peter é sempre o "Pan" que não quer sacrificar diversas fantasias pela realidade de um relacionamento real, o que significa limitações, sacrifícios e um crescimento nas demandas mais profundas do tempo. Se Peter é o extremo do mito de *Peter Pan* (os Garotos Perdidos que se recusam a crescer), o Capitão Gancho representa o extremo oposto (aqueles que se tornam amargos por causa de suas experiências de vida no tempo).

Peterson também frequentemente se detém em *Pinóquio*[134]. Há cinco pontos principais aos quais Peterson retorna nesse mito. Primeiro, Gepeto é um pai solteiro (mais oportuno para os nossos tempos) que tem um filho que não está, no sentido pleno do termo, vivo (Pinóquio). Como Gepeto criará seu filho? Ele está sozinho em sua jornada ou há outros lugares aos quais ele pode recorrer para obter assistência em um projeto tão ambíguo? Quando, em sua jornada, Gepeto "faz um pedido a uma estrela", ele está se abrindo para a assistência divina da Fada Azul. Segundo Peterson, isso indica uma disposição de ser receptivo ao transcendente no processo de criação dos filhos. Pinóquio é uma marionete pendurada pelas cordas de seu pai – esse é frequentemente o caso nos estágios iniciais da criação dos filhos. Os pais, desejando o melhor para seus filhos e presumindo que sabem o que é melhor, controlam seus filhos e os orientam a pensar, falar e agir de uma maneira que, muitas vezes, reflete mais a agenda dos pais do que o melhor futuro para a criança na sua jornada. Pais e filhos devem abandonar essa forma de relacionamento à medida que os filhos amadurecem – os pais deixam de ver a criança como uma

134 Ver, por exemplo, Peterson, Jordan B. "2017 Maps of Meaning 02: Marionettes & Individuals (Part 1)," vídeo do YouTube, 2:23:33, 25 de janeiro de 2017, https://www.youtube.com/watch?v=EN2lyN7r-M4E; Peterson, Jordan B. "2017 Maps of Meaning 03: Marionettes and Individuals (Part 2)", vídeo do YouTube, 2:26:55, 30 de janeiro de 2017, https://www.youtube.com/watch?v=Us979jCjHu8; Peterson, Jordan B. "2017 Maps of Meaning 04: Marionettes and Individuals (Part 3)", vídeo do YouTube, 2:12:26, 8 de fevereiro de 2017, https://www.youtube.com/watch?v=bV16NEWld8Q.

marionete, a criança-adolescente-adulto passa a dissecar e a cortar os cordões que tanto os pais como a sociedade usam para prendê-la. Tal é o processo de maturação, e tal foi o passo inicial de Gepeto-Pinóquio.

Mas a jornada de uma espécie de marionete controlada para um ser vivo e livre não é fácil, e há muitas falhas e enganos no processo. Isso leva ao segundo ponto de Peterson sobre esse mito clássico. Pinóquio é ingênuo e, portanto, suscetível a todo tipo de opções em sua jornada para se tornar um menino vivo. Ele não tem discernimento para saber a que dizer sim e a que dizer não. Ele é, portanto, passado para trás por uma variedade de mascates, enganadores e empreendedores duvidosos, como a raposa João Honesto, Stromboli e o Cocheiro. Como, então, ocorrerá o processo de amadurecimento quando o ambiente controlado da família e da manipulação de cordas perdeu o seu poder e nenhuma bússola interior mais profunda foi ainda testada e experimentada?

O terceiro ponto está no cerne desse dilema. Pinóquio tem, durante grande parte da versão Disney desse conto, uma tensão contínua com Grilo Falante, quem a Fada Azul atribuiu a ele como sua consciência. Peterson vê na Fada Azul a versão mais elevada do divino feminino, uma forma de graça que ilumina e oferece orientação por intermédio da consciência. Pinóquio vacila entre dar ouvidos ao pequeno grilo da consciência e ser enganado e levado cativo, por João Honesto, para o mundo da Ilha dos Prazeres, que, por fim, transforma as pessoas em asnos (mostrando uma espécie de sobreposição com Peter Pan), e pelo menino delinquente Lampwick [“Pavio”, em tradução livre]. Somente quando o Grilo Falante vê para onde a Ilha dos Prazeres realmente leva as pessoas é que ele resgata Pinóquio de tal destino.

A jornada de Pinóquio de volta para casa a fim de reencontrar seu pai e sua família preenche o quarto ponto. Ele percebe, depois de percorrer muitos caminhos desviados, que o lar e o local natal são realmente o que contribui para ele se tornar um menino de verdade. Mas seu pai, Gepeto, ao procurá-lo, foi engolido (com o gato Fígaro e o peixe Cléo) por uma baleia. O episódio da baleia leva o leitor, numa perspectiva bíblica, à história de Jonas e do peixe e, numa perspectiva mítica e psicológica, numa viagem às profundezas da sombra e aos aspectos mais sombrios da personalidade e da identidade. Pinóquio ainda deve ir mais fundo do que a consciência pode levá-lo, embora a consciência (o Grilo Falante) não o abandone. É nessa morte para seu ego indulgente e narcisista na busca por algo mais elevado, mais profundo e mais nobre que Pinóquio reencontra sua família no ventre da baleia.

Isso leva ao quinto e último ponto: Pinóquio se torna um menino de verdade, em vez de apenas uma marionete. A baleia cospe Pinóquio, Gepeto, Fígaro, Cléo e Grilo Falante, mas, depois, tenta devorá-los mais uma vez. Pinóquio salva seu pai e sua família, mas sacrifica sua vida para isso. Ele é trazido para casa aparentemente morto, mas a Fada Azul o traz de volta à vida porque, em seu ato de sacrifício, ele se tornou um menino de verdade e um ser humano genuíno.

Essa é a jornada mítica quíntupla da versão Disney de Pinóquio, a que Peterson, muitas vezes, recorre como uma história clássica de crescimento até a maturidade – uma contranarrativa, em muitos aspectos, de Peter Pan.

Peterson também recorre a um vasto reservatório de outros contos de fadas como meio de ilustrar muitos dos temas míticos comuns e perenes que transcendem o tempo e o lugar: *Branca de Neve e os Sete Anões*; *João e Maria*; *A Bela e a Fera*; *O Rei Leão*; *A Bela Adormecida*; *Marduk* (e outros mitos antigos da Mesopotâmia) e *Harry Potter* são apenas alguns. Ele, no entanto, critica o filme da Disney, *Frozen*, por minar e distorcer os arquétipos clássicos. Acho que, talvez, Peterson seja muito duro e reativo em sua resposta ao filme. Uma reação negativa tão intensa e simplista é completamente desnecessária (talvez, às vezes, uma falha em Peterson) – há muito mais acontecendo em *Frozen* do que Peterson parece sugerir, se apenas escavações mais profundas fossem feitas, como Peterson corretamente faz com histórias clássicas.

Escrevi bastante sobre o tratamento dado por Peterson a *Peter Pan* e *Pinóquio* pela simples razão de que ambos ilustram as verdades perenes a respeito da jornada humana, à qual Peterson retorna muitas vezes. Os mitos oferecem uma via de comunicação única entre a abordagem excessivamente certa das questões éticas e da identidade humana caracterizada por platitudes morais, por um lado, e a rejeição de qualquer fundamento ou marca moral, por outro. O fato obstinado e crescente do memoricídio torna necessário recorrer a algum poço a fim de orientar a tomada de decisões na vida. Muitos na nossa cultura estão bastante desprovidos de quaisquer tradições históricas e clássicas que os ajudariam a identificar boas, melhores, as melhores, e más, piores, as piores escolhas (e as consequências delas). Peterson baseia-se nos filmes mais populares que encarnam muitas verdades antigas e atemporais – como *Harry Potter*, *Peter Pan* e *Pinóquio* – a fim de apontar o caminho para mitos e arquétipos ainda mais substantivos que os interessados podem ler, internalizar, refletir e viver.

VAMOS COMPARAR MITOLOGIAS

Peterson e outros recorrem ao mito como uma forma de conhecimento, quer contra uma forma de racionalismo, quer como um meio de equilibrar a forma desequilibrada imperialista racionalista-pseudocientífica de conhecer e ser. Mas aqueles comprometidos com o modo mítico de conhecer inevitavelmente se encontram na mesma posição precária que todos os que possuem textos sagrados – ou, num contexto mais secular, constituições, projetos de lei e cartas de direitos, declarações e pactos – como um tribunal final de autoridade. Em outras palavras, a tarefa de interpretar mitos participa do dilema muito maior da hermenêutica (sendo Hermes o intérprete de Zeus do Olimpo à Terra). Inevitavelmente, você terá que perguntar quais interpretações são as melhores e mais sábias. Todos os mitos são igualmente válidos e as interpretações desses mitos são igualmente válidas?

A hermenêutica psicológica e mítica de Peterson leva-o inevitavelmente, em termos gerais, de histórias míticas mais seculares para histórias míticas explicitamente religiosas. Tomemos, por exemplo, a abordagem de Peterson ao mito de Sidarta (c. 563- c. 483 a. C.) e sua jornada para o estado de Buda. Em particular, ele explora os mitos budistas e cristãos na jornada de Sidarta para se tornar o Buda, a estrutura mítica do Éden, no Gênesis, e a relação entre Sidarta, o Buda, e Jesus, o Cristo. Vamos, portanto, não apenas comparar mitologias, mas também comparar interpretações de mitologias.

Peterson contou sua versão das origens do budismo diversas vezes, com praticamente a mesma tendência e inclinação[135]. Foi feita uma profecia sobre o jovem Sidarta de que ele se tornaria uma grande pessoa. Mas será que isso significava que ele se tornaria um líder político poderoso como o seu pai? Certamente era isso que seu pai queria. Seu pai gastou grande energia, tempo e recursos para proteger o jovem Sidarta e expô-lo apenas a atrações e diversões positivas, ricas e mundanas. Isso, em muitos aspectos, era semelhante ao relacionamento entre Gepeto e Pinóquio – e diferentemente do pai de João e Maria, que mandou seus filhos inocentes embora para passear pela floresta até a Ilha dos Prazeres – como a Casa de Biscoitos de Gengibre.

Sidarta, com o tempo, sentiu-se contido pelas paredes protetoras que o rodeavam e perguntou-se o que poderia estar do outro lado de uma realidade tão protegida. Peterson sugere que, no início da jornada, é correto e apropriado que os pais protejam os seus filhos dentro da sua capacidade, mas chega um momento em que as "canções da inocência" dão lugar às "canções da experiência". Sidarta fez diversas viagens saindo do palácio guardado e, nessas viagens, foi exposto à morte, à doença, à pobreza e aos aspectos dolorosos e trágicos da vida. Como ele poderia, então, conciliar as virtudes enclausuradas ingênuas e imaculadas de sua educação com o sofrimento óbvio e a mortalidade inevitável de cada ser humano? Essa segunda fase da jornada da inocência à experiência levanta a questão de como se deve pensar e viver, dado o fato de que a vida é ao mesmo tempo "alegria e tristeza".

Foi na resposta a essas experiências e às questões que elas suscitaram que Sidarta se afastou do poder político e iniciou uma busca espiritual que o levou a um aprofundamento interior muito maior.

---

135 Ver, por exemplo, Peterson, Jordan B. "2017 Maps of Meaning 10: Genesis and the Buddha", vídeo do YouTube, 2:18:44, 27 de abril de 2017, https://www.youtube.com/ watch?v=7XtEZvLo-Sc.

Essa foi a terceira fase de sua jornada. O caminho meditativo interior levou Sidarta para além da comédia e da tragédia, para além da indulgência e do ascetismo, para um centro e fonte interior onde ele se tornou o Buda iluminado. Muitas foram as tentações no caminho, e Peterson as compara com as tentações edênicas de Adão e Eva. Mas esses mitos são semelhantes e, no entanto, bastante diferentes, e as suas consequências são importantes tanto para o Ocidente como para o Oriente.

Isso leva o leitor atento ao lugar dos mitos divergentes, cada um oferecendo diferentes leituras e destinos para a viagem. Como a jornada mítica do Buda é semelhante e diferente da visão mítica cristã? Ou os mitos nada mais são do que diversas projeções humanas na tela da história e da vida? C. S. Lewis, um apologista totalmente comprometido com a forma mítica e mitopoética de conhecer, escreveu que "assim como o mito transcende o pensamento, a Encarnação transcende o mito. O cerne do cristianismo é um mito que também é um fato"[136]. O que Peterson faz quando os mitos do ultimato colidem tanto no último como no penúltimo nível? Ele os vê simplesmente como formas pluralistas de mapear a jornada por meio de arquétipos que são heroicos ou santos, sombrios ou demoníacos? Haverá mais nos mitos do que apenas uma abordagem e um método psicológico? Em suma, existe uma hierarquia de mitos, com mitos inferiores conduzindo a mitos superiores? Ou todos os mitos são iguais? Aqueles que estão corretamente atraídos pelo compromisso de Peterson com a mitologia comparada precisam empurrá-lo mais adiante nessas questões oportunas e atemporais.

Deixe-me mencionar outra maneira de abordar essas questões. Peterson deteve-se por muito tempo em várias maneiras de ler o mito de escolha e consequências de Adão e Eva. Ao longo dos anos, tive aulas em um curso chamado "Religiões do Ocidente e do Oriente", com

136 Lewis, C. S. "Myth Became Fact", in *God in the Dock*, ed. Walter Hooper. São Francisco: HarperSanFrancisco, 1994, 58.

alunos vindos de tradições wiccas e gnósticas. Esses estudantes tendem a ver o Deus que ordenou que Adão e Eva não comessem da árvore como um tirano autoritário, e Adão e Eva usando seu livre-arbítrio para se libertar de tal agressor. Como deve ser lido o mito do Éden e como sabemos qual leitura é melhor? A leitura wicca-gnóstica do Éden certamente interpreta a questão de maneira diferente de Peterson.

Peterson costuma citar Nietzsche. Li a maioria dos escritos de Nietzsche e passei momentos esplêndidos na casa de Nietzsche em Sils-Maria, no vale de Engadina. A leitura de Nietzsche do mito apolíneo-dionisíaco tende a colocar um contra o outro em termos de liberdade. Existem outras maneiras de ler tal mito – talvez uma leitura mais sutil de Apolo e uma leitura matizada de Dionísio? Será Nietzsche demasiado reacionário e dualista na sua abordagem da tragédia grega e de Dionísio-Apolo? Essa é a questão que enfrentamos quando comparamos mitologias. Todos os mitos e suas interpretações são iguais ou existe uma hierarquia de mitos e interpretações? Neste último caso, que critérios utilizamos para fazer tais julgamentos e decisões?

Os três exemplos listados acima (o mito de Sidarta-Jesus, o Cristo, a leitura variante do mito do Éden e o mito dionisíaco-apolíneo de Nietzsche) apontam para a questão hermenêutica perene na história como nos textos sagrados: quais textos têm mais autoridade do que outros, e por quê? E quais interpretações são mais críveis e por quê? A virada para o modo mítico de conhecer e ser está, com o tempo, repleta desses desafios.

Peterson trabalhou muito e arduamente na exegese da Bíblia. O fato de ele ter feito isso mais do que na maioria dos textos clássicos significa que se trata de algo que ele prioriza. Isso não é surpreendente, dado o fato de a Bíblia ser um texto fundamental da civilização ocidental. Mas a história do cristianismo está repleta de diversas formas de interpretar e aplicar os textos. Peterson adotou uma abordagem psicológica junguiana-mítica evidente, e há uma certa validade universalista em tal método. Muitas das narrativas bíblicas de transformação, incluindo a falta dela ou a oposição a ela, podem ser usadas de forma transcultural. Mas existem elementos na estrutura mítica bíblica que apresentam convergências e divergências significativas com outros textos religiosos e filosóficos clássicos da literatura mundial? A única razão para focar na Bíblia é o fato histórico de que ela é um texto fundamental da civilização ocidental e de uma literatura mundial significativa?

Não há dúvida de que as histórias contadas na Bíblia, uma vez lidas, ouvidas e digeridas interiormente, podem, num nível inicial, superar as nossas crises de memoricídio. Mas a memória recuperada depende, em última análise, da questão de saber de quem é a memória e como essa memória deve ser interpretada e aplicada. Então, o que Peterson conclui do seu trabalho em mitologias comparativas? Existem, de fato, mitos que são mais verdadeiros do que outros, tanto no nível metafísico como no penúltimo nível? Em caso afirmativo, quais, e por que e como Peterson classifica tais mitos? E como poderá Peterson responder a essas questões, dado o fato de frequentemente viver em tensões igualitárias-hierárquicas, muitas vezes favorecendo as últimas em detrimento das primeiras?

CONCLUSÃO

Não há dúvida de que Jordan Peterson, nos últimos anos, passou a ocupar um lugar de destaque no debate público. Ele tem sido criticado por alguns que têm uma formação sólida em teologia, filosofia e exegese bíblica, que consideram a abordagem de Peterson em suas disciplinas um tanto rasa. Mas não creio que tenha sido a vocação de Peterson, nesse ponto da sua jornada, dirigir-se a essas pessoas. Peterson tendeu a se dirigir àqueles que estão pessoal e culturalmente desorientados, percebem isso e procuram caminhos alternativos para viver uma vida mais significativa. O fato de a maioria das marcações e marcos do passado terem sido desmantelados significa que é difícil encontrar uma orientação. A memória desapareceu, e o memoricídio cultural é a realidade com a qual muitos vivem. Peterson tentou, à sua maneira limitada, mas significativa, por meio da narração de mitos seculares e sagrados, oferecer formas de se ver caminhos que valem a pena percorrer. Ao invés de criticá-lo, eu acho que se pudermos ver Peterson como um agente de *praeparatio evangelica* [preparação para o evangelho] não estaríamos exagerando. O próprio Peterson ainda está sentindo e pensando o seu caminho daqui para adiante, e o tempo revelará o caminho que ele finalmente seguirá.

CAPÍTULO 5

Arquétipos, Símbolos e Exegese Alegórica: O Retorno de Jordan Peterson à Bíblia em Contexto

T. S. Wilson

Vivemos na civilização tecnologicamente mais avançada de que há memória histórica. A adoção generalizada dos princípios do liberalismo proporcionou as condições materiais e políticas necessárias para que o progresso tecnológico florescesse muito além dos sonhos mais loucos dos pais liberais fundadores, o que resultou no empoderamento da nossa espécie num grau sem precedentes. O nosso conhecimento do mundo material nunca foi tão grande, e o acesso a esse conhecimento nunca foi tão difundido. A joia da coroa do conhecimento progressivo tornou-se o domínio dessa tecnologia. Por meio desse domínio tecnológico, estabelecemos o nosso domínio sobre alguns dos aspectos mais caóticos da natureza, dando-nos o poder de obrigar a Terra a produzir o seu crescimento. Mas o domínio tecnológico não conduziu ao domínio psicológico. Esse é um fato que se torna evidente tanto pela proeminência do campo da psicologia quanto pelo sucesso das grandes corporações farmacêuticas.

Charles Taylor argumentou que o espírito humano moderno está experimentando um mal-estar, em parte porque o progresso do liberalismo exigiu que nos libertássemos das ordens sagradas que tradicionalmente nos deram significado[137]. É, portanto, tentador pensar que a guinada de Jordan Peterson para a Bíblia é uma tentativa de restaurar significado para uma era secular que prospera tecnologicamente, mas sofre psicologicamente. No entanto, por trás da guinada de Peterson para a Bíblia reside uma ontologia (uma teoria do ser) bem concebida que está profundamente enraizada na tradição ocidental que remonta a Platão (c. 428/427-348/347 a. C.) e continua até pensadores modernos como Friedrich Nietzsche e Carl Jung. Como complemento ao ensaio de Laurence Brown neste volume, situarei Peterson dentro da conversa filosófica mais ampla, a fim de deixar clara a ontologia que o torna confiante em sua afirmação de que as investigações sobre as histórias bíblicas equivalem a "investigações sobre a estrutura do Ser propriamente dito"[138]. Uma vez que a ontologia de Peterson seja compreensível, ela me permitirá destacar o desafio de fazer o tipo de exegese alegórica da Bíblia que Peterson tenta fazer. Essa dificuldade é tão comum a Peterson como foi aos pais e mães da Igreja histórica, muitos dos quais também leram alegoricamente as histórias de Gênesis.

SÓCRATES, MÊNON E O NASCIMENTO DE IDEIAS INATAS

Era noite, e o sol se punha no horizonte ateniense, ao mesmo tempo que despontava uma nova era na mente do homem. Numa pequena e subutilizada ágora localizada nos arredores da cidade, um jovem filósofo chamado Sócrates estava em profunda discussão

137 Taylor, Charles. *The Malaise of Modernity*. Toronto: House of Anansi Press, 1991, 3.

138 Peterson, Jordan B. "The Psychological Significance of the Biblical Stories" entre 16 de maio e 5 de dezembro de 2017, https://www.jordanbpeterson.com/bible-series/.

com um aristocrata visitante da Tessália que atendia pelo nome de Mênon. Os homens discutiam, diante de uma multidão de espectadores, a respeito da natureza da virtude e se ela poderia ser ensinada. Desde que os atenienses foram finalmente derrotados na Guerra do Peloponeso, alguns anos antes, eles começaram a questionar, cada vez mais, tudo o que pensavam que sabiam, tornando figuras como Sócrates (c. 470-399 a. C.) cada vez mais dignas de serem ouvidas. A multidão ouviu atentamente enquanto Sócrates resistia a todas as tentativas de Mênon de contornar o tema da virtude, insistindo que Mênon definisse a virtude antes de prosseguir a fim de determinar se ela poderia ser aprendida. Incrédulo e, cada vez mais, impaciente com a linha de questionamento de Sócrates, Mênon finalmente virou o jogo contra Sócrates, perguntando-lhe: "Como você pode investigar algo, se ainda não sabe o que é? E se você ainda não sabe o que é, como saberia quando a encontrasse?"[139]. Em outras palavras, investigar a natureza da virtude sem já saber o que ela é seria como procurar em um campo por uma flor específica sem ter a menor ideia de como era a flor. Por outro lado, se já sabemos como é a virtude, não faria sentido investigá-la; tendo em vista que já saberíamos a respeito dela.

A multidão ficou surpresa com a resposta inteligente de Mênon e todos aguardaram ansiosamente a resposta do jovem filósofo. Enfim, Sócrates fez sinal a um dos escravos de Mênon para entrar no centro da ágora. Depois de determinar que o escravo nunca havia aprendido geometria, Sócrates começou a chocar a multidão, guiando o menino a soluções geométricas complexas, apenas fazendo-lhe as perguntas certas. Esse momento (quer tenha realmente ocorrido ou não) serviria como um dos mitos fundamentais para a era racional que cresceu a partir do espírito socrático nos milênios que se seguiram. O objetivo de Sócrates era demonstrar que, em algum lugar

---

139 Platão. *Meno and Protagoras*, trans. Adam Beresford, Penguin Classics. Nova York: Penguin, 2006, 110–12.

da psique do escravo, já existiam as respostas corretas; tudo o que Sócrates precisava era fazer as perguntas que fariam o escravo recordar as ideias que já estavam dentro dele[140]. A teoria das ideias de Platão, e a teoria relacionada de que o conhecimento é lembrança, é a resposta articulada ao problema epistemológico apresentado na história de Sócrates e do menino escravo.

O poder de moldar o mundo contido na história de Sócrates e do menino escravo não depende de as ideias de Platão serem uma representação precisa do mundo interior da psique. O poder está no fato de que, uma vez que a força do problema foi sentida na mente coletiva do homem, ele [o problema] não poderia ser esquecido. Nos milênios que se seguiram desde a morte de Sócrates, as melhores e mais brilhantes mentes foram atraídas para o problema que se manifestou na ágora, naquele dia. Isso está exemplificado na filosofia racionalista do Iluminismo, que se preocupava em aceder às ideias inatas, claras e distintas da psique, as quais eram consideradas mais essenciais para quem somos do que a imaginação e o mito. Quem pode deixar de perceber o problema epistemológico apresentado na história de Sócrates e do menino escravo ao ler um dos filósofos fundadores do Iluminismo, Baruch Spinoza (1632-1677)?

> E quem, por favor, pode saber que entende alguma coisa, a menos que primeiro a entenda? Isto é, quem pode saber que tem certeza de alguma coisa, a menos que primeiro tenha certeza disso? Novamente, que padrão de verdade pode existir que seja mais claro e mais certo do que uma ideia verdadeira? Na verdade, assim como a luz manifesta a si mesma e as trevas, a verdade é o padrão tanto de si mesma quanto da falsidade[141].

140 Platão, *Meno*, 80d.

141 Spinoza, Baruch. *Ethics*, trans. Samuel Shirley. Indianápolis; Hackett, 1992, 92.

A ontologia racional de Spinoza (que surgiu a partir do espírito platônico) afirmava que as ideias claras e distintas do intelecto tinham um maior grau de realidade do que as falsidades da imaginação porque estavam alicerçadas no infinito intelecto de Deus[142]. Essa foi uma posição comum para os filósofos racionalistas do Iluminismo que viam a luz da razão pura como a essência da psique humana[143].

Embora a *Ética* de Spinoza tenha sido publicada no século XVII, a sua preocupação não era tão diferente da de Peterson hoje. Spinoza estava mais do que consciente dos males e enfermidades psicológicas que afligiam a condição humana. Na verdade, ele escreveu a *Ética* como uma cura psicológica para as aflições da psique, as quais, segundo ele, desapareceriam por meio do poder do amor e da luz da razão. Da mesma forma que a escuridão não é nada quando o sol brilha sobre ela, Spinoza pensava que as doenças psicológicas desapareceriam se os indivíduos pudessem compreender as suas emoções e cultivar aquelas que levariam a um amor mais poderoso[144].

Contra essa aceitação da existência de ideias inatas estão teorias que afirmam que os seres humanos nascem como uma *tabula rasa* e que a psique é, em grande parte, uma construção de ideias que são gravadas na *tabula rasa* do eu pelas mãos da sociedade. O autoconcebido como uma *tabula rasa* trabalha de mãos dadas com a teoria de que as ideias são nominais, da mesma forma que a teoria das ideias de Platão trabalha de mãos dadas com a teoria de que o conhecimento é lembrança. Se os nossos descendentes nascem como almas vazias à espera de serem preenchidas com ideias que são sustentadas pelas convenções da linguagem, isso significa que as ideias têm apenas uma existência nominal e poderiam ser diferentes se as construções da sociedade fossem diferentes. O liberalismo abraçou o eu como uma

142 Spinoza, Baruch. *Ethics*, 92.

143 "No que diz respeito à diferença entre uma ideia verdadeira e uma falsa, fica claro no pr. 35, II que o primeiro está para o segundo assim como o ser está para o não ser". Spinoza, Baruch. *Ethics*, 92.

144 Spinoza, Baruch. *Ethics*, 122.

tabula rasa e a visão relacionada de que as ideias são nominais. Se o eu é uma *tabula rasa*, isso implica que temos o poder de definir quem somos. Em contraste, a teoria das ideias inatas sugere que "conhecer a si mesmo" é uma questão de se tornar consciente daquilo que você está pré-formado a ser. Peterson está firmemente ao lado das ideias inatas. Mas ele não é um racionalista tradicional, ou não recorreria à Bíblia em busca de insights psicológicos. Em vez disso, ele seguiria os passos de pensadores iluministas como Spinoza, que viam a razão como a cura para as superstições da mente mítica.

"A RAZÃO ESTÁ EM SUA PRÓPRIA CABEÇA" EM NIETZSCHE E JUNG

Empoleirado nos montes ensolarados acima do vale de Engadina, Friedrich Nietzsche olhou para a pequena cidade de St. Moritz a partir da perspectiva ampla. Era o verão de 1870 e, na solidão de sua perspectiva elevada, o filho rebelde de um ministro luterano contemplou a história da filosofia, da religião e da arte. Aninhado no alto dos Alpes, Nietzsche começaria a escrever sua primeira grande obra, *O Nascimento da Tragédia: A partir do Espírito da Música*. O livro não conquistaria para Nietzsche uma consideração elevada por parte de seus pares, pois era muito contrário ao espírito da época. No entanto, a premissa central do livro abalaria o Ocidente de forma tão decisiva como Sócrates o abalou mais de 2 mil anos antes. Nietzsche colocaria a razão de cabeça para baixo ao afirmar a primazia dos sonhos e da faculdade de produção de símbolos do homem sobre as ideias claras e distintas da razão. Enquanto filósofos iluministas como René Descartes (1596-1650) e Spinoza veriam a razão como o aspecto da psique que é mais essencial para quem somos, Nietzsche veria a capacidade de produzir os símbolos da ilusão, da fantasia e do mito como a característica mais importante da psique humana, porque ela estabelece os horizontes nos quais as civilizações encontram o seu significado. Nas palavras de Nietzsche,

> Essa necessidade alegre da experiência onírica foi incorporada pelos gregos em seu Apolo: Apolo, o deus de todas as energias plásticas, é ao mesmo tempo o deus adivinho. Ele, que (como indica a etimologia do nome) é o "brilhante", a divindade da luz, é também o governante da bela ilusão do mundo interior da fantasia. A verdade superior, a perfeição desses estados em contraste com o mundo cotidiano incompletamente inteligível, essa profunda consciência da natureza, curando e ajudando no sono e nos sonhos, é, ao mesmo tempo, o análogo simbólico da faculdade de adivinhação e das artes em geral, aquilo que torna a vida possível e digna de ser vivida[145].

No pensamento de Nietzsche, o filósofo é estabelecido como o artista criativo que pode mediar os impulsos artísticos da natureza que habitam profundamente no inconsciente da psique, dando origem (por assim dizer) ao duplo simbólico da natureza na forma dos mitos e fantasias que inevitavelmente encerram as massas dentro de horizontes de significado, seduzindo-as para a vida. A razão é virada de cabeça para baixo quando Nietzsche afirma que a faculdade de produção de símbolos está mais próxima da verdade primordial da natureza do que a faculdade da razão. Da perspectiva de Nietzsche, passa a ser necessário considerar se a própria ciência ocidental poderia ter brotado e crescido a partir da semente simbólica contida em mitos como a história de Sócrates e do rapaz escravo.

Em *O Nascimento da Tragédia*, Nietzsche usa os deuses gregos Apolo e Dionísio como símbolos que possuem significados múltiplos e em camadas, dependendo de sua aplicação. Nietzsche adota a metafísica de Schopenhauer (1788-1860), fazendo de Dionísio o mundo como vontade e de Apolo o mundo das aparências[146]. O mundo apolíneo das aparências (do qual nós mesmos somos compostos) é

---

145 Nietzsche, Friedrich. *The Birth of Tragedy Out of the Spirit of Music*, in *Basic Writings of Nietzsche*, trans. Walter Kaufmann. Nova York: Random House, 2000, 35.

146 Nietzsche, Friedrich. *The Birth of Tragedy*, 45.

apenas a ilusão prazerosa do ser mais aflito, eternamente sofredor e contraditório: o mundo dionisíaco propriamente dito. No ato mais redentor de superação, a dor primordial no seio da existência cria o mundo apolíneo das aparências para se afastar da realidade aterrorizante que é a unidade primordial. Assim como a vontade primordial cria o mundo das aparências para se afastar de si mesma, da mesma forma o artista trágico que mantém o dionisíaco e o apolíneo numa tensão semelhante a um arco de forças opostas torna-se "o meio por meio do qual o sujeito verdadeiramente existente celebra a sua libertação em aparência"[147]. A marca registrada do filósofo nietzschiano não é a capacidade de separar o joio da ilusão e da imaginação a fim de encontrar o trigo da verdade e da razão eternas; é, antes, a de criar símbolos de mito que sejam verdadeiros no sentido de que sejam inspirados no mundo dionisíaco propriamente dito, o qual, "em sua embriaguez, fala a verdade"[148]. Aspectos de *O Nascimento da Tragédia* influenciariam o pensamento de Carl Jung, o qual carregaria a tocha acesa por Nietzsche até o século XX. Como veremos em breve, a ontologia de Jordan Peterson será iluminada à luz da mesma tocha.

Jung foi atraído pela visão psicológica de Nietzsche sobre os impulsos e motivações profundamente inconscientes que inspiram os sonhos, fantasias e mitos sobre os quais a civilização é construída. Seguindo os passos de Nietzsche e Freud, Jung postulou a existência do inconsciente. No nível do indivíduo, Jung pensava que os conteúdos reprimidos e esquecidos da psique permaneciam no inconsciente pessoal – tudo, desde experiências traumáticas reprimidas até memórias agradáveis da infância[149]. Embora esse seja um nível importante da psique para a análise junguiana, o nível mais importante da psique no

147 Nietzsche, Friedrich. *The Birth of Tragedy*, 49.

148 Nietzsche, Friedrich. *The Birth of Tragedy*, 46.

149 Jung, C. G. *Four Archetypes*, trans. R. F. C. Hull. Princeton: Princeton University Press, 2011, 3.

que se refere à guinada de Peterson para a Bíblia é o que Jung chama de *inconsciente coletivo*. Jung escreve,

> Eu escolhi o termo "coletivo" porque essa parte do inconsciente não é individual, mas universal; em contraste com a psique pessoal, ela possui conteúdos e modos de comportamento que são mais ou menos os mesmos em todos os lugares e em todos os indivíduos. Ela é, em outras palavras, idêntica em todos os homens e constitui, portanto, um substrato psíquico comum de natureza suprapessoal que está presente em cada um de nós[150].

Jung compara os arquétipos que constituem o conteúdo do inconsciente coletivo com as "ideias no sentido platônico"[151]. Assim como as ideias platônicas, Jung pensa nos arquétipos como imagens primordiais que são universalmente comuns a todos, antes da existência de qualquer ser particular. Assim como a forma biológica dos órgãos corporais deve existir antes da existência de qualquer pessoa individual, da mesma forma as imagens arquetípicas primordiais da psique devem existir antes que qualquer indivíduo tenha a capacidade para a atividade psíquica (consciência). Mas os arquétipos de Jung não são como as ideias platônicas quando estas são consideradas formas racionais universais e imutáveis. Como demonstrado no pensamento de Spinoza, uma grande esperança da tradição filosófica ocidental era que o filósofo pudesse crescer na consciência das ideias primordiais e universais da psique (conhecimento como lembrança). Talvez o golpe decisivo contra essa esperança tenha ocorrido na *Crítica da Razão Pura* de Kant (1724-1804), na qual ele demonstra que as ideias platônicas desse tipo estão para além de toda experiência possível, o que significa que não poderíamos ter conhecimento delas[152]. O próprio

---

150 Jung, C. G. *Four Archetypes*, 4.

151 Jung, C. G. *Four Archetypes*, 13.

152 Kant, Immanuel. *Critique of Pure Reason*, trans. Paul Guyer. Cambridge: Cambridge University Press, 1998, 188.

Jung reconhece que a doutrina de Kant "destrói, ainda em estágio embrionário, toda tentativa de reviver a metafísica no antigo sentido da palavra"[153]. Mas, ao mesmo tempo, Jung pensava que a doutrina de Kant "prepara o caminho para um renascimento do espírito platônico"[154]. O renascimento do espírito platônico em Jung tem mais do que um toque de Nietzsche.

Jung reconhece que não temos acesso direto aos arquétipos como tais. O que significa dizer que não podemos ter conhecimento dos arquétipos investigando os arquétipos tal como eles são em si. Em vez disso, os arquétipos deveriam ser pensados como "impulsos artísticos da natureza" nietzschianos que são mediados pela faculdade de produção de símbolos do filósofo como artista. Como tal, investigamos os arquétipos que Jung acredita constituírem o nosso "substrato psíquico comum", explorando os grandes mitos da nossa civilização que refletem os arquétipos como um duplo simbólico. Fazendo eco a Nietzsche, Jung escreve: "Nos produtos da fantasia as imagens primordiais tornam-se visíveis, e é aqui que o conceito de arquétipo encontra a sua aplicação específica"[155]. Enquanto filósofos iluministas como Spinoza evitavam a imaginação e o mito em nome do acesso ao substrato puramente racional da psique que se pensava ser a essência do Ser, Jung segue os passos de Nietzsche ao considerar o mito, a fantasia e a imaginação como verdades superiores que são, em última análise, mais reflexivos da base primordial do Ser.

Nesse ponto, podemos compreender por que Peterson se sente justificado em dizer que as investigações sobre as histórias do Gênesis equivalem a uma investigação sobre a estrutura do próprio Ser. Seguindo Jung e Nietzsche, Peterson sustenta que a maneira de investigar a estrutura do Ser é pela investigação dos mitos que são considerados reflexos dos padrões arquetípicos na base do Ser.

153 Jung, C. G. *Four Archetypes*, 10.
154 Jung, C. G. *Four Archetypes*, 10.
155 Jung, C. G. *Four Archetypes*, 12.

Referir-se às histórias do Gênesis como mito provavelmente deixará muitos cristãos desconfortáveis, mas, da perspectiva cristã, pode-se pensar que Peterson está simplesmente mantendo o espírito profético do cristianismo mais elevado do que o histórico-literal. Por "espírito profético" quero dizer a palavra de Deus, falada por meio dos seus profetas e inserida nos verdadeiros mitos que sustentam a civilização ocidental, não apenas nas instituições que transmitiram a mensagem através do tempo, mas também na própria linguagem, cultivada a partir das sementes primeiramente faladas pela palavra. Na narrativa de Peterson, a formação dos mitos do Gênesis ocorreu fenomenologicamente, com o que ele quer dizer que o ato enquanto padrão comportamental ocorre primeiro, e a representação simbólica se adapta ao ato. As representações simbólicas do mito tornam-se uma luz orientadora para as pessoas, destacando os "padrões canônicos do Ser" que "representam o que realizaremos no mundo", à medida que são "representados na multidão ao longo do tempo"[156]. Elas nos dão a capacidade de representarmos para nós mesmos os padrões de comportamento que, de outra forma, realizaríamos de modo inconsciente. Por exemplo, quando Peterson diz que a história de Caim e Abel é a história arquetípica dos humanos na história, ele está dizendo que o mito foi forjado no sangue dos melhores, derramado pelas mãos dos piores. É muito melhor estar consciente dessa falha fatal no nível arquetípico do nosso ser do que, de modo inconsciente, realizar, na prática, esse drama eternamente recorrente.

O DESAFIO DA EXEGESE ALEGÓRICA

A exegese alegórica preocupa-se em pegar um modo de escrita que não é diretamente aplicável a um assunto e aplicá-lo a ele mesmo assim. Por exemplo, quando o salmista pergunta: "Quem subirá ao

156 Peterson, Jordan B. "Biblical Series I: Introduction to the Idea of God Transcript", jordanbpeterson.com, https://jordanbpeterson.com/transcripts/ biblical-series-i.

monte do Senhor?" ou "Quem permanecerá no seu lugar santo?" e responde: "Aquele que é limpo de mãos e puro de coração; que não entregou a sua alma à vaidade, nem jurou enganosamente" (Salmos 24,3-4), devemos entender "o monte do Senhor" como o aspecto celestial de nós mesmos, ao qual podemos ascender se tivermos uma consciência limpa e um coração puro. Ao ler o salmista com um sentido alegórico, podemos compreender a poesia do salmista em relação ao tema da nossa salvação espiritual.

Peterson aborda a Bíblia a partir de uma perspectiva alegórica na tentativa de interpretar o simbolismo contido nas histórias que ele acredita refletirem os padrões arquetípicos que constituem a estrutura do Ser. O assunto ao qual a exegese alegórica deve ser aplicada é a psique. Mas isso apresenta um desafio interpretativo que é tão comum a Peterson como foi aos pais e mães da Igreja histórica que também leram alegoricamente as histórias de Gênesis. Dado que os padrões arquetípicos do inconsciente coletivo não podem ser conhecidos em si mesmos, dependemos da interpretação subjetiva do exegeta para produzir o seu conteúdo. Os símbolos do mito podem ser interpretados de diversas maneiras, e não há como verificar empiricamente se qualquer interpretação particular dos símbolos é perfeitamente representativa dos padrões arquetípicos. Qualquer interpretação alegórica será inevitavelmente influenciada pela experiência de vida do exegeta e pela educação particular que ele recebeu.

A interpretação de Peterson é inevitavelmente influenciada por sua formação e experiência como psicólogo clínico. A voz de Nietzsche, muitas vezes, permanece em segundo plano. Por exemplo, Maria torna-se o símbolo da mãe que "diz sim", que tem a capacidade de olhar com clareza para as tragédias inerentes à existência e ainda assim dizer sim para trazer um filho ao mundo[157]. E Caim torna-se o

157 Peterson, Jordan B. "Biblical Series V: Cain and Abel: The Hostile Brothers Transcript", jordanbpeterson.com, https://jordanbpeterson.com/transcripts/ biblical-series-v.

símbolo do irmão hostil cheio de ressentimento nietzschiano em relação ao seu irmão mais nobre até que o espírito de vingança o leva ao fratricídio[158]. Além dos seus elementos nietzschianos, a interpretação de Peterson é, com frequência, muito prática e claramente motivada por um desejo benevolente de ajudar as pessoas comuns a tomarem melhores decisões na sua vida cotidiana. Ele incentiva seus ouvintes a adotarem objetivos nobres e aprenderem a sacrificar a gratificação imediata com o propósito de alcançarem esses objetivos no futuro. Sua interpretação é, muitas vezes, ricamente complementada com conhecimentos psicológicos, neurológicos e sociológicos.

É claro que isso não significa necessariamente que a sua interpretação dos símbolos encontrados nas histórias de Gênesis seja realmente representativa dos padrões arquetípicos que ele utiliza para compor a estrutura do Ser. Pois, uma vez que existe uma variedade ampla de maneiras pelas quais o texto pode ser alegoricamente lido, como podemos ter certeza de que qualquer interpretação alegórica capta o verdadeiro significado? Dado que os arquétipos como tais não podem ser conhecidos em si mesmos, dependemos de uma interpretação subjetiva dos símbolos, e nossas interpretações podem estar tão distantes quanto o céu está do inferno.

Nas suas *Confissões*, Agostinho (354-430) confronta diretamente o desafio colocado pela variedade de maneiras pelas quais a alegoria pode ser usada. De uma forma um tanto antitética à nossa época atual, tão condicionada a reduzir o que é extraordinariamente complexo a um fato único e uniforme, Agostinho afirma que a própria profundidade dessas histórias bíblicas lhes dá o poder de inspirar uma variedade tão ampla de exposições: assim como uma nascente de montanha confinada a um pequeno espaço gera uma força que a obriga a fluir em múltiplos canais sobre uma vasta extensão de terra, da mesma forma a enorme força dessas histórias compactas é

158 Peterson, Jordan B. "Biblical Series V".

que elas "derramam uma onda de verdade clara" de uma maneira que é benéfica para "muitas exposições"[159]. Tal como Agostinho, Peterson maravilha-se com a quantidade de significados estratificados que podem ser derivados de histórias que, muitas vezes, têm apenas algumas frases de comprimento. Essa é a sua força e a marca da sua profundidade. São a fonte vivificante que fluiu através das mentes de tantos grandes pensadores, de diversas maneiras, através da extensão do espaço e do tempo. Apenas um exemplo é o símbolo da serpente na árvore sussurrando mentiras prejudiciais e enganosas para Eva sob o disfarce de bondade, que foi reproduzido em tudo, desde histórias infantis até obras-primas literárias como *O Senhor dos Anéis*, de J. R. R. Tolkien, em que os personagens de Saruman e Língua de Cobra personificam a serpente enganosa.

A exegese de Peterson da história de Adão e Eva combina a psicologia evolucionista com a análise psicológica moderna. A cobra na árvore supostamente simboliza um predador primordial de nossos ancestrais que viviam nas árvores. Baseando-se numa teoria que se tornou proeminente por e Isbell (1955-), Peterson alega que os seres humanos se adaptaram tão bem para ver as cores devido à necessidade de localizarem o predador camuflado na árvore para sobreviverem[160]. Assim, a serpente na árvore representa a forma mais primitiva do mal – a ameaça à sobrevivência da nossa espécie. A árvore também é chamada de árvore do conhecimento do bem e do mal, o que para Peterson simboliza a tomada de autoconsciência que ocorreu à medida que nossos cérebros cresciam como uma adaptação às demandas da visão. Rememorando o *Primeiro Discurso* de Rousseau (1712-1778), Peterson afirma que ao desenvolver a autoconsciência desenvolvemos a capacidade de representar o bem

159 Agostinho. *Confessions*, trans. William Watts, Loeb Classical Library. London: William and Heinemann, 1912, 266.

160 Peterson, Jordan B. "Biblical Series IV: Adam and Eve: Self-Consciousness, Evil, and Death Transcript", jordanbpeterson.com, https://jordanbpeterson.com/ transcripts/biblical-series-iv.

e o mal para nós mesmos; contido no conhecimento do que pode nos ferir está o conhecimento de como podemos ferir os outros[161]. Em um outro nível de significado, a serpente representa o orgulho do intelecto que pode tão facilmente converter a sabedoria em astúcia. A interpretação de Peterson é uma interpretação em camadas e nuances da natureza do mal, algo que ele consegue aplicando a história alegoricamente a diferentes aspectos da psique.

A abordagem alegórica de Peterson para a leitura das histórias do Gênesis é semelhante à maneira como os primeiros pensadores cristãos abordaram as histórias do Gênesis. Na quarta homilia de Gregório de Nissa (330-395) sobre o Pai Nosso, ele também permite que os símbolos do jardim do Éden representem a escravidão psicológica que ocorre quando permitimos que a luxúria (em sentido amplo) "viva dentro de nós como um ditador, sem consideração pela lei e pela convenção"[162]. Gregório acredita que o efeito atrofiador da alma da luxúria está contido no ensino de Moisés, que ele nos retrata "por meio de símbolos, quando ele apresenta a serpente como conselheira de Eva em questões de gosto"[163]. Gregório continua explicando a maneira como os símbolos podem ser interpretados quando aplicados ao tema da alma:

> Agora, pela metáfora da balança, devemos entender as múltiplas ocasiões de luxúria. Pois, falando de modo geral, a paixão da luxúria é apenas um animal; mas as diversas formas de luxúria que estão misturadas com a vida humana por meio dos sentidos são as escamas que cercam a serpente, salpicadas pelos vários incidentes que provocam paixão[164].

161 Peterson, Jordan B. "Biblical Series IV".

162 Platão. *Republic*, trans. Robin Waterfield, Oxford World's Classics. Oxford: Oxford University Press, 2002, 9.575a.

163 Gregório de Nissa. *The Lord's Prayer*, in *The Lord's Prayer, The Beatitudes*, trans. Hilda Graff, Ancient Christian Writers 18. Nova York: Paulist Press, 1954, 65.

164 Gregório de Nissa. *The Lord's Prayer*, 65.

A análise psicológica de Gregório sobre o funcionamento da luxúria sonda qualquer pessoa que tenha lutado contra algum grau de vício (isto é, todos nós). À medida que os nossos vícios começam a assombrar a nossa psique de diversas maneiras, a serpente torna-se mais viva dentro de nós até que as nossas vidas estejam sob a influência psicológica do mal. Para pensadores cristãos clássicos como Gregório de Nissa, o sentido da vida era considerado uma peregrinação espiritual ao lar primordial do nosso ser. Nossa jornada para o leste, para a Jerusalém celestial de nossa alma, ocorre quando estabelecemos firmemente "a consciência de Deus" em nossos corações, unindo nossa alma à Palavra divina[165].

Eu hesitaria em dizer que as interpretações alegóricas de Peterson dos símbolos do Gênesis estão incorretas. A profundidade das histórias do Gênesis é que elas podem ser aplicadas a diferentes assuntos em diferentes contextos; são o mito que dá conteúdo ao *Logos*. No entanto, a interpretação de Gregório de Nissa é mais profunda e significativa do que a de Peterson, na medida em que ensina a contemplação da Palavra eterna, Jesus Cristo – o que significa que a alegoria é aplicada ao tema da nossa salvação.

CONCLUSÃO

A guinada de Peterson para a Bíblia não é arbitrária; está fundamentada numa ontologia que pode ser situada dentro de uma conversa filosófica mais ampla. Se os arquétipos são qualidades inatas do ser humano, e, se estão representados nos símbolos do mito, então a volta de Peterson à Bíblia é inteiramente justificada e a sua série bíblica equivale a uma "investigação sobre a estrutura do próprio Ser". Sua ontologia proporciona uma interpretação fascinante do desenvolvimento e da aplicabilidade dos mitos do Gênesis tanto para teístas

165 Gregório de Nissa. *The Lord's Prayer*, 23.

quanto para ateus. Na maioria das vezes, sua interpretação fornece insights valiosos e investigativos que são diretamente aplicáveis à vida prática. Contudo, do ponto de vista cristão, a sua exegese não corresponde à dos pais e mães históricos da Igreja. Esses grandes escritores e testemunhas espirituais do mito épico apontam com mais firmeza e com maior lucidez para o *Verbo que se fez carne*, Jesus Cristo. Ele é o fogo ardente que ilumina a consciência, o símbolo vivo da eternidade e o próprio coração pulsante do Ser.

CAPÍTULO 6

Palestras de Jordan Peterson sobre o Gênesis: Interpretando a Bíblia entre o Racionalismo e o Niilismo

Laurence Brown

Por mais de 3 mil anos, as histórias bíblicas inspiraram inúmeras gerações de fiéis a se reunirem para encontrar um significado. Como um fio dourado entrelaçando uma tapeçaria majestosa, essas narrativas antigas têm elegantemente unido o etos da consciência ocidental desde o momento da sua aceitação na sociedade romana até à era moderna. Surgiram como o vislumbre da civilização necessária para afastar as forças da barbárie calamitosa após o colapso de Roma e continuaram a sustentar a Europa Ocidental durante todo o período medieval. As histórias bíblicas também moldaram profundamente as estruturas ideacionais nas quais a filosofia, a arte, a música e a literatura ocidentais se fundamentaram em quase todos os aspectos imagináveis. No entanto, existe agora um perigo duplo que ameaça desvendar a tela da civilização ocidental na sua totalidade. Por um lado, o espectro de um racionalismo científico puro liderado pela nova vanguarda ateia puxa o fio dourado, afrouxando a sua costura e confundindo a beleza da sua grande narrativa. Por outro lado, a ameaça do relativismo cultural e do niilismo que se espalha a partir do espírito pós-moderno de desconstrução crítica arranca o fio com a intenção de rasgar completamente a tapeçaria.

Embora existam muitas figuras proeminentes dentro da tradição cristã que se esforçam para preservar a integridade das histórias bíblicas na cultura contemporânea, há um acadêmico de fora da Igreja que empregou sua súbita catapulta para a fama intelectual a fim de firmemente defender a fé como o fundamento dos valores culturais do Ocidente. Jordan B. Peterson, professor de psicologia e psicólogo clínico, rapidamente tornou-se um ícone cultural em todo o mundo ocidental. No entanto, apesar das manchetes que recebe por enfrentar o *establishment* do politicamente correto como um defensor intransigente da liberdade de expressão, é o seu revigoramento das histórias bíblicas que poderá muito bem produzir o seu maior e mais duradouro impacto entre os *millennials*[166] nos próximos anos.

Em 2017, Peterson embarcou numa viagem intelectual a fim de desvendar os mistérios da Bíblia a uma geração que a desconhece e está muito distante da sua influência cultural direta. Originalmente uma série de palestras de doze partes sobre o Gênesis apresentada na Universidade de Toronto entre maio e agosto daquele ano, *O Significado Psicológico das Histórias Bíblicas* explodiu em popularidade, com mais de um milhão de visualizações no *YouTube*, o que levou à gravação de mais três palestras no outono. Este ensaio procura desvendar os temas fundamentais apresentados nas doze palestras originais, com foco na avaliação da sua relevância para o rejuvenescimento cultural da civilização ocidental. Em última análise, tirarei conclusões sobre a razão pela qual a interpretação psicológica de Peterson atraiu tantas pessoas. Abordando temas antigos como a relação entre ordem e caos, a propensão humana para o mal, a tragédia e o sofrimento, o tratamento dispensado a estranhos e o

---

166 Nome da geração dos nascidos entre 1981 e 1995. (N. T.)

significado do sacrifício por meio de uma estrutura psicológica moderna, Peterson atesta a relevância das histórias bíblicas, não apenas para o historiador ou praticante religioso, mas para cada pessoa moderna que deseja compreender verdadeiramente os padrões de comportamento social incorporados nos mitos e histórias que estão no cerne da civilização ocidental.

A ABORDAGEM DE PETERSON À BÍBLIA

A lente através da qual Peterson aborda e analisa os textos bíblicos deriva principalmente de sua experiência como psicólogo clínico; no entanto, dizer que a sua abordagem à hermenêutica bíblica deriva de motivações puramente racionais e empíricas seria compreender mal a tensão entre ordem e caos que Peterson tenta preencher tanto nas suas odisseias intelectuais como pessoais. Com base no trabalho do psiquiatra suíço Carl Jung, Peterson percebe as histórias bíblicas como o encapsulamento de milhares de anos de comportamento social aprendido, enraizado no inconsciente coletivo e transmitido de geração em geração por meio do desenvolvimento de histórias significativas. O arquétipo junguiano, tão frequentemente referido por Peterson, tenta extrair os elementos de uma realidade transcendente que é comum a toda a experiência humana por meio da vasta extensão do espaço e do tempo. De modo muito semelhante a outras narrativas fundacionais antigas, Peterson aborda as histórias bíblicas como mitos que transmitem verdades fundamentais relativas aos aspectos mais básicos, mas, muitas vezes, esquecidos, da condição humana. Ao analisar padrões ao longo de tais narrativas, Peterson extrapola vários arquétipos-chave que ajudam a iluminar certas verdades morais que permanecem consistentes ao longo dos tempos. Arquétipos como o grande pai, os irmãos hostis e o herói são essenciais para a compreensão do significado psicológico da Bíblia.

Na introdução da série, Peterson estabelece as bases da sua peregrinação investigativa desenterrando questões fundamentais relativas ao papel do cristianismo no desenvolvimento da civilização ocidental. Em uma época em que os cientistas substituíram os sacerdotes como intermediários entre as facetas conhecidas e desconhecidas do mundo natural, é difícil para muitos sequer compreenderem o impacto que tais histórias tiveram na vida cotidiana dos seus antepassados culturais. "Como alguém poderia ter acreditado nessas histórias, o que significa o fato de as pessoas não acreditarem mais nelas e o que significaria se as pessoas ainda acreditassem nelas hoje" são apenas algumas das questões que a viagem de Peterson ao significado psicológico das Escrituras pretende responder[167]. Inspirando-se nas obras de Friedrich Nietzsche, Peterson postula que a abordagem racional do cristianismo à teologia herdada dos filósofos gregos forneceu a estrutura metodológica necessária para transcender as suas próprias estruturas dogmáticas, abrindo as portas tanto para o Iluminismo como para a revolução científica. O catolicismo, em particular, diz Peterson, encorajou uma abordagem estrita para descobrir a verdade de Deus nas Escrituras e, ao fazê-lo, treinou a mente europeia no desenvolvimento da autocrítica necessária para afastar as sombras da caverna de Platão e revelar a luz da razão para toda a humanidade. Pode-se dizer, então, que o cristianismo semeou as sementes do seu próprio desaparecimento. Como Peterson eloquentemente afirma: "A verdade – o espírito da verdade – que foi desenvolvida pelo cristianismo voltou-se contra as raízes do cristianismo", levando à conclusão de que o terreno encantado onde a consciência Ocidental se desenvolveu foi escavado para revelar o barro frio e utilitário do racionalismo científico que fica abaixo de sua superfície[168].

---

167 Peterson, Jordan B. "Biblical Series I: Introduction to the idea of God Transcript", jordanbpeterson.com, https://jordanbpeterson.com/transcripts/ biblical-series-i/.

168 Peterson, Jordan B. "Biblical Series I".

ORDEM E CAOS NA HISTÓRIA DA CRIAÇÃO

O tema arquetípico da ordem e do caos é aquele que Peterson revisita com grande frequência quando dá palestras tanto para seus alunos quanto para o público. Desde as primeiras passagens da narrativa da criação, a base da metafísica judaico-cristã dá origem ao ideal de ordem em toda a cultura ocidental. Na segunda palestra, Peterson mergulha de cabeça em alguns dos mais profundos mistérios cosmológicos e no papel que a evolução da consciência humana desempenha na realidade estrutural do universo. A consciência humana, apesar dos maiores avanços na bioquímica e na ciência cognitiva, é uma área de investigação cuja superfície os métodos empíricos mal arranharam. Para Peterson, a presença da mente consciente é o maior obstáculo enfrentado por aqueles da comunidade científica que procuram explicar a realidade em termos puramente objetivos. O valor subjetivo que os humanos atribuem aos objetos materiais pode ser tão importante quanto as propriedades físicas objetivas que esses objetos possuem no desenvolvimento de uma compreensão abrangente da realidade como um todo. Para Peterson, a história da criação do Gênesis está relacionada à nossa necessidade psicológica mais profunda de encontrar significado em um mundo caótico de impressões sensoriais abstratas e aparentemente aleatórias. As primeiras linhas do Antigo Testamento retratam esse conceito, pois Deus cria o mundo a partir de um potencial sem forma, iluminando o cosmos com significado no comando "Haja luz" (Gênesis 1,3 KJV[169]).

Baseando-se no seu conhecimento da psicologia evolucionista, Peterson correlaciona o ato de criar uma ordem habitável a partir do caos com um mecanismo de defesa ligado às estruturas cognitivas mais primitivas do cérebro humano. Ao longo do processo evolutivo, os nossos antepassados que viviam nas árvores evoluíram por mapearem e conquistarem o desconhecido com a capacidade de avaliar

169 Trata-se de uma versão da Bíblia, da Bíblia do Rei James; em inglês, King James Version (KJV). (N. T.)

ameaças por intermédio da sua habilidade cognitiva avançada de reconhecimento de padrões. Embora o reconhecimento das ameaças predatórias tenha melhorado por meio do processo de seleção natural, também melhorou a capacidade de enfrentar e superar essas ameaças de forma sistemática. A criação do mundo tal como retratada em Gênesis não é simplesmente uma história para explicar a origem do universo. Para Peterson, é uma narrativa que fala ao nosso instinto primordial mais profundo de criatividade e sobrevivência. Ao contrário de outras criaturas equipadas com mecanismos de defesa externos, como dentes e garras afiadas, a sobrevivência e o florescimento humanos dependiam daqueles que possuíssem os recursos heroicos para enfrentar os perigos caóticos do mundo natural e, assim, criar um ambiente hospitaleiro a partir do qual as ameaças pudessem ser monitoradas de perto e repelidas[170].

Outro tema importante apresentado no capítulo inicial de Gênesis é a importância da fala no processo de desenvolvimento humano. Peterson considera a liberdade de expressão a pedra angular sobre a qual todos os valores ocidentais se baseiam. O ato divino de trazer o ser à existência a partir das profundezas de um vazio sem forma relaciona-se com a capacidade humana de transformar a realidade à sua própria imagem a partir do caos não canalizado do potencial ilimitado. Uma característica central das religiões judaica e cristã é a crença de que a humanidade foi criada à imagem de Deus e, portanto, participa da natureza criativa do divino. Ligando a história da criação ao processo evolutivo, Peterson correlaciona a capacidade de comunicação verbal com a centelha de divindade que surgiu na humanidade e colocou a espécie acima da criação na sua responsabilidade como administradores da terra. A fala não é apenas moldada pelo mundo material ao nosso redor, mas também empregada para categorizar e

170 Peterson, Jordan B. "Biblical Series II: Genesis 1: Chaos & Order Transcript", jordanbpeterson.com, https://jordanbpeterson.com/transcripts/biblical-series-ii.

transformar o ambiente externo por meio da razão. Ao trazer a criação à existência, Deus declara que tudo o que ele havia feito era "muito bom" (Gênesis 1,31 KJV). Uma descrição tão enfática da criação, argumenta Peterson, indica que não é simplesmente na liberdade de expressão que a filosofia ocidental lança as suas âncoras, mas na verdadeira fala que forma a estrutura de qualquer ordem criada com justiça. Com o advento da crítica pós-moderna, Peterson argumenta que a importância de falar a verdade, tal como representada na história da criação, é agora mais crucial do que nunca. À medida que a tendência de lançar ideias fundamentais de ordem social no domínio da opinião avança com a difusão do relativismo cultural, Peterson acredita que os arquétipos testados pelo tempo que representam a verdade, não só de como o mundo é, mas também de como agir no mundo, devem ser colocados na vanguarda da consciência ocidental, a fim de garantir a sua preservação[171].

Em sua terceira palestra, Peterson expande a história da criação, explorando a compreensão cristã de Deus como um elemento da imagem arquetípica do grande pai. Em outro lugar, Peterson descreve o grande pai como "um produto da história", produzindo simultaneamente a tirania e a segurança da rigidez cultural[172]. De acordo com Peterson, o conceito de Deus é a primeira imagem articulada de uma estrutura preexistente a partir da qual o fenômeno da consciência emerge. Na análise psicológica de Peterson, a primeira pessoa da Trindade Cristã, Deus Pai, representa a estrutura cognitiva subjacente, a priori, a partir da qual a percepção básica dos dados dos sentidos se torna possível. Para que a consciência exista e atue no mundo, primeiro deve haver um corpo a partir do qual ela possa operar. Como sugere Peterson, essa é a base para priorizar a divindade do corpo como um elemento essencial no cristianismo clássico. Passando da consciência

171 Peterson, Jordan B. "Biblical Series II".

172 Peterson, Jordan B. *Maps of Meaning: The Architecture of Belief*. Londres: Routledge, 1999; versão em PDF com imagens, 2002, 168.

individual para a do grupo, a imagem de Deus Pai representa assim os fundamentos subjacentes da verdade e da virtude sobre os quais uma sociedade bem ordenada é construída. A ideia de Deus, o Pai, surgiu como o encapsulamento de todos os atributos necessários para impulsionar as aspirações humanas para cima e serve como a personificação do ideal humano final[173].

A AUTOCONSCIÊNCIA E O MAL EM ADÃO E EVA

A história de Adão e Eva e da queda do paraíso no segundo e terceiro capítulos do Gênesis relaciona-se diretamente com duas das falhas mais marcantes da condição humana: o problema da autoconsciência e da propensão humana para o mal. Em sua quarta palestra, Peterson aborda esses dois temas de uma multiplicidade de ângulos, recorrendo ao simbolismo bíblico e às metáforas para obter insights. O problema da autoconsciência é exclusivo da humanidade, pois somos os únicos seres plenamente conscientes da nossa própria mortalidade. A árvore do conhecimento do bem e do mal, salienta Peterson, é um símbolo poderoso para a jornada evolutiva do instinto inconsciente à consciência das nossas próprias inseguranças e vulnerabilidades. O fruto da árvore representa informação vital que pode ser usada tanto para o bem da humanidade como para um mal insondável, como demonstraram os acontecimentos do século XX. Do ponto de vista da neurociência, Peterson argumenta que, uma vez que os mesmos circuitos cerebrais que utilizamos para recolher informações foram utilizados pelos nossos antepassados para recolher alimentos, a informação tornou-se um tipo de meta-alimento que utilizamos não só para encontrar sustento, mas também como forma de moeda para trocar por alimentos. A curiosidade pelo conhecimento por meio da informação pode, portanto, ser – tal como o primeiro casal descobriu

---

173 Peterson, Jordan B. "Biblical Series III: God and the Hierarchy of Authority Transcript", jordanbpeterson.com, https://jordanbpeterson.com/transcripts/ biblical-series-iii.

– uma poderosa tentação com o potencial de abalar violentamente as bases psicológicas de alguém se não for abordada com reverência e sabedoria[174].

A emergência da autoconsciência, tanto na história do Gênesis como na psicologia evolucionista, pode ser o evento mais transformador não apenas na história do mundo, mas também no universo como um todo. Esse fenômeno surpreendente, como afirma Peterson, "coloca uma fenda na estrutura do ser, e a isso é dado um significado cósmico"[175]. Como tal, Peterson rejeita a afirmação niilista de que a humanidade é apenas um parasita que invade uma partícula de poeira nos confins do universo e, em vez disso, argumenta que a evolução da consciência humana pode ser o único momento crucial que transforma o universo de um abismo metafísico em um lugar de significado e potencial ilimitado. Para Peterson, isso é precisamente o que a história edênica do Gênesis transmite. A ordem de Deus para não comer da árvore, e a advertência de que eles morrerão se o fizerem, ilustram o problema da autoconsciência. A humanidade, agora dolorosamente consciente da sua mortalidade, deve trabalhar arduamente, utilizando todas as faculdades disponíveis para se defender das garras da morte durante o maior tempo possível. A queda de Adão e Eva da feliz ignorância para a cruel realização autoconsciente da morte, e a ansiedade subjacente associada a tal medo, tomam a forma de uma grande peça trágica, com o restante da Bíblia dedicado a resolver esse problema complexo. No entanto, para o cristão, como indica Peterson, o surgimento da autoconsciência era a pré-condição necessária para a encarnação de Cristo e, em última análise, para a redenção da humanidade na sua jornada ascendente em direção à reunificação com Deus[176].

---

174 Peterson, Jordan B. "Biblical Series IV: Adam and Eve: Self-Consciousness, Evil, and Death Transcript", jordanbpeterson.com, https://jordanbpeterson.com/ transcripts/biblical-series-iv.

175 Peterson, Jordan B. "Biblical Series IV".

176 Peterson, Jordan B. "Biblical Series IV".

O segundo tema da história edênica, a propensão humana para o mal, é aquele que Peterson dedicou grande parte do trabalho de sua vida tentando compreender e está diretamente relacionado ao problema da autoconsciência. Ao comerem o fruto, "os olhos de ambos se abriram, e perceberam que estavam nus" (Gênesis 3,7 KJV). De um estado de cegueira à sua própria realidade metafísica, a aquisição de conhecimento abriu os olhos de Adão e Eva para a compreensão de que estavam expostos e, portanto, vulneráveis. O ato de encobrir a sua nudez, conclui Peterson, é o primeiro passo para o desenvolvimento da cultura. Eles se protegeram dos perigos do mundo exterior e mascararam suas inseguranças recém-descobertas. Com o conhecimento das suas vulnerabilidades, a propensão humana para o mal entrou no mundo. Depois que os humanos reconheceram suas próprias vulnerabilidades, eles também tomaram consciência das vulnerabilidades dos outros. Daí em diante, tal conhecimento poderia tanto ser utilizado para proteger o outro do perigo quanto para submeter o outro à sua própria vontade. Esse, declara Peterson, é o verdadeiro conhecimento do bem e do mal que tem atormentado a condição humana[177].

O MAL E O SACRIFÍCIO EM CAIM E ABEL

Com o desenvolvimento da autoconsciência, a humanidade passou a enfrentar o reino do desconhecido com a consciência intensificada da sua própria mortalidade, mas também com uma curiosidade insaciável pelas recompensas que a aguardam logo além dos limites seguros do acampamento. Ao longo das antigas histórias mitológicas, dois padrões distintos de comportamento surgiram como reação ao desafio de confrontar o desconhecido. O primeiro padrão é representado pelo herói mitológico que encontra território desconhecido com coragem e uma perspectiva de benevolência, arriscando-se na

177 Peterson, Jordan B. "Biblical Series IV".

esperança de colher recompensas potenciais. O outro é representado no eterno adversário que sai do desconhecido para uma estrutura autoritária rígida por medo e, muitas vezes, por meio do engano. Juntos, esses dois modos de comportamento caracterizam o arquétipo dos irmãos hostis[178]. Nesse arquétipo, o irmão mais novo frequentemente apresenta características mais visionárias e se torna um tanto revolucionário em sua abordagem da vida. Na história de Caim e Abel, Caim, o filho primogênito de Adão e Eva, lavrava a terra enquanto seu irmão mais novo, Abel, cuidava dos rebanhos. Embora ambos apresentassem sacrifícios a Deus pelo trabalho de suas mãos, Deus favoreceu o sacrifício de Abel, e, em sua ira, Caim matou seu irmão. Embora se sugira que a oferta de Abel era de grande valor, tendo sido trazida "das primícias do seu rebanho", não há menção à qualidade do sacrifício de Caim. Quer a decisão de Deus de rejeitar a oferta de Caim tenha sido devida à falta de esforço ou completamente arbitrária, Caim permitiu que as sementes da amargura crescessem, as quais, devido ao seu ressentimento desenfreado, acabaram por levá-lo a assassinar o seu irmão. Como punição, Caim foi amaldiçoado a vagar pela terra como fugitivo, longe de sua casa e da terra de sua herança (Gênesis 4,1-16).

Na sua palestra sobre Caim e Abel, Peterson continua a explorar a antiga questão relativa à origem do mal, mas também introduz um novo tema que continuará a desdobrar-se ao longo das narrativas do Antigo Testamento e culminará na redenção da humanidade por meio de Cristo. Peterson descreve o sacrifício, muitas vezes considerado como uma expiação temporária pelos pecados da humanidade, como o precursor psicológico do valor moderno da autodisciplina. À medida que as sociedades se desenvolveram ao longo de milhares de anos, tornou-se evidente que aqueles que adiavam a gratificação no presente tendiam a se tornar mais prósperos no futuro. Em nossa

---

178 Peterson, Jordan B. *Maps of Meaning*, 244-46.

sociedade quase-meritocrática, a disciplina é talvez o maior indicador de sucesso, pois aqueles que dedicam mais energia ao seu ofício são geralmente recompensados pelos seus esforços[179].

O sacrifício é hoje frequentemente considerado uma concepção primitiva, mas Peterson considera-o uma das maiores ideias já evocadas pela mente humana. A disciplina, como capacidade de fazer sacrifícios, é contrária aos nossos instintos de sobrevivência mais básicos em muitos aspectos. Embora o cérebro humano esteja programado para nos proteger daquelas coisas que são desconfortáveis e arriscadas, o sacrifício exige que anulemos o impulso de conforto e prazer e abracemos voluntariamente o desconforto e as dificuldades. A história de Caim e Abel é uma representação metafórica de dois modos de operação no mundo. A pessoa abraça as dificuldades que a vida inflige com gratidão e, fazendo os sacrifícios certos, acaba sendo recompensada por isso. O outro, apesar de receber muito, sacrifica pouco e fica amargo quando as circunstâncias não levam ao resultado desejado. Para Peterson, Abel representa o modo ideal de ser e, como resultado, floresce. Em vez de imitar o sucesso de seu irmão, Caim mergulha no ciúme e no ódio por aquilo que simultaneamente admira. Muito mais do que fazer o sacrifício errado, o pecado de Caim foi a destruição irreversível do seu próprio ideal no assassinato de Abel. Essa história, de acordo com Peterson, é a história mais profunda da Bíblia, porque fala da divisão fundamental entre o bem e o mal que permeia o centro de cada coração humano. Peterson retrata todos nós com a capacidade de arcar com o fardo de sermos graciosos como Abel, mas também possuímos a tendência de assassinar a melhor parte de nós mesmos, como Caim. Quando o ressentimento em relação ao próprio ser bate à porta, em última análise, cabe a nós decidirmos se o deixaremos entrar[180].

---

179 Peterson, Jordan B. "Biblical Series V: Cain and Abel: The Hostile Brothers Transcript", jordanbpeterson.com, https://jordanbpeterson.com/transcripts/biblical-series-v.

180 Peterson, Jordan B. "Biblical Series V".

O SOFRIMENTO E A ARCA DE NOÉ

Nas palestras seis e sete, Peterson volta sua atenção para a história da arca de Noé e converge para o tema da tragédia e do sofrimento. No mundo antigo, as narrativas do dilúvio retratavam um padrão geral da condição moral degenerada da humanidade, levando ao julgamento de um ser sobrenatural que envia um dilúvio para limpar o mundo do pecado. Com base na história de Caim e Abel, Peterson traça uma conexão entre seus dois modos de ser e o dilúvio cataclísmico que consome todos, exceto os mais diligentes e íntegros. A natureza arbitrária da existência pode provocar tragédia e sofrimento, mas, como ilustrado por Caim, esse sofrimento pode ser multiplicado exponencialmente quando abordado com uma atitude negligente em relação ao próprio Ser. Como argumenta Peterson, não importa quão ruins as coisas fiquem, elas sempre podem piorar. Esse foi certamente o caso daqueles que viveram na geração de Noé. Em contraste, a história descreve Noé como "um homem justo e perfeito em sua geração", e um homem que andou com Deus (Gênesis 6,9 KJV). Seguindo o exemplo de Abel, Noé encontrou graça diante de Deus e foi elogiado por sua virtude[181].

Como psicólogo clínico, Peterson conhece bem as tragédias arbitrárias da vida que podem perturbar a psique humana e lançar a existência no caos. Em suas palestras, Peterson mescla insights de sua própria experiência em terapia comportamental com os padrões de comportamento moral demonstrados nas histórias bíblicas. Peterson vê Noé como uma representação literária da maneira adequada de viver para se preparar e perseverar durante a tragédia. Embora a inundação tenha sido devastadora por si só, a maior tragédia foi o fracasso por parte dos indivíduos e da sociedade em se prepararem para ela. A geração de Noé foi considerada responsável pela degeneração da

181 Peterson, Jordan B. "Biblical Series VI: The Psychology of the Flood Transcript", jordanbpeterson.com, https://jordanbpeterson.com/transcripts/biblical-series-vi.

sociedade como grupo, mas, como Peterson adverte veementemente, foi a depravação moral de cada indivíduo que contribuiu para o declínio da civilização como um todo.

Uma das principais lições do Gênesis, salienta Peterson, é que não somos indivíduos isolados, mas estamos ligados em rede de tal forma que a nossa própria decadência moral pode contribuir para a degeneração de todo o universo de maneiras poderosas. A corrupção é como um vírus que se espalha pela sociedade, de um indivíduo para outro, e, se persistir, está destinado a engolir o todo. Na Alemanha nazista e na Rússia stalinista, os atos de omissão por parte dos indivíduos abriram espaço para atos de agressão por parte do Estado e da sociedade. É por essa razão que Peterson defende tão apaixonadamente os valores da civilização ocidental, promovendo as virtudes das histórias bíblicas. Apesar das imperfeições e da injustiça social que continuam a existir, Peterson argumenta que o nível de funcionalidade e de confiança social que prevalece na Europa e na América do Norte é historicamente raro e algo que não deve ser considerado garantido. A arca é uma metáfora poderosa para uma estrutura cultural que protege os indivíduos das forças naturais da entropia, permitindo-nos perseverar através de desafios imprevistos. Embora Peterson concorde que vivemos numa estrutura danificada, cada indivíduo pode encontrar um significado positivo na vida cuidando das áreas de degradação que se estendem à sua própria esfera de influência, por menor que seja a ação[182]. No seu livro *12 Regras para a Vida*, Peterson escreve um capítulo inteiro exortando os indivíduos quebrados a deixarem de lado seu ressentimento em relação à sociedade e a começarem a mudar as pequenas coisas ao seu redor. Ele exorta as pessoas a deixarem de agir de forma enganosa e a começarem a falar a verdade, por mais difícil que possa ser. Peterson sugere que, se todos agissem dessa maneira, o mundo

---

182 Peterson, Jordan B. "Biblical Series VII: Walking with God: Noah and the Flood Transcript", jordanbpeterson.com, https://jordanbpeterson.com/transcripts/biblical-series-vii.

poderia deixar de ser um lugar de tragédia e começar a se tornar um lugar de esperança divina[183]. Isso, segundo Peterson, é o que Gênesis quer dizer quando diz que Noé andou com Deus.

A JORNADA DE ABRAÃO

De Adão antes da queda, até seu filho Abel, e depois até Noé, as histórias de Gênesis até este ponto resumem o protótipo do homem virtuoso e contrastam essa visão com um elemento antagônico. Essas histórias criam um ideal pelo qual a humanidade é instada a lutar. No entanto, num estado decaído, esses ideais têm pouca semelhança com a realidade do indivíduo autoconsciente que sempre retém um elemento de Caim nas profundezas da mente subconsciente. As cinco palestras a seguir exploram a jornada de Abraão, que mostra as falhas muito comuns com as quais todos podemos nos identificar como humanos. Mas, ao mesmo tempo, Abraão é retratado como o herói arquetípico que opera apenas com base na fé na sua conquista do desconhecido.

Ao longo das histórias abraâmicas, Peterson destaca essa mudança de foco de um texto centrado em Deus para uma sequência de narrativas baseadas no desenvolvimento de personalidades distintas. Como aponta Peterson, o papel direto de Deus e a concepção do ideal começam a desaparecer no segundo plano à medida que as histórias abraâmicas progridem, enquanto as representações práticas de como o homem deve operar num mundo caído vêm simultaneamente à tona[184]. Ao discutir as histórias abraâmicas, Peterson chama a atenção para vários temas abrangentes que preenchem a lacuna entre o mundo mitológico como um fórum de ação e o mundo racional como um lugar de fatos objetivos baseados na biologia evolutiva. Novos temas, como o tratamento dispensado a estranhos e o significado da adoração,

183 Peterson, Jordan B. *12 Rules for Life*, 156-59.

184 Peterson, Jordan B. "Biblical Series VIII: The Phenomenology of the Divine Transcript", jordanbpeterson.com, https://jordanbpeterson.com/transcripts/ biblical-series-viii/.

são introduzidos, enquanto temas recorrentes, como a importância de falar a verdade e o significado do sacrifício, são expandidos com maior profundidade.

Na primeira das histórias abraâmicas, Peterson explora o significado do chamado de Deus a Abraão. Nessa narrativa, Deus aparece a Abraão e o orienta a deixar seu país e ir para uma terra que ele não conhece. Deus diz a Abraão que ele fará dele, lá, uma grande nação e o abençoará abundantemente. Embora tivesse setenta e cinco anos, e sua esposa Sara fosse estéril, Abraão atendeu à palavra de Deus e iniciou sua jornada. Como explica Peterson, o primeiro mandamento de Deus para avançar rumo ao desconhecido representa a jornada em direção à independência que cada pessoa deve enfrentar à medida que cresce até a idade adulta e enfrenta o mundo mais amplo. Trata-se de uma jornada de desenvolvimento pessoal em direção aos pilares fundamentais de competência e autoridade que constituem a base de uma sociedade bem ordenada e funcional. Histórias como essa demonstram a utilidade da virtude numa cultura em que a competência é, com frequência, confundida com privilégio, e a autoridade é mal interpretada como opressão. Na história, Abraão é um homem de ação que sai pelo mundo contra todas as probabilidades; como o herói arquetípico, é lhe prometida uma grande recompensa na forma de um filho. Esse ousado ato de fé fala da ideia de que se você seguir sua intuição e cumprir o que é exigido de você, quase tudo será possível. Para Peterson, essa é a história que está no cerne da civilização ocidental. Assumir a sua responsabilidade, perseguir o seu ideal e aceitar o seu chamado leva cada pessoa a florescer na transformação da sua individualidade autônoma; e por meio desse desenvolvimento, o indivíduo torna-se singularmente equipado para contribuir para a prosperidade do todo[185].

185 Peterson, Jordan B. "Biblical Series IX: The Call to Abraham Transcript", jordanbpeterson.com, https://jordanbpeterson.com/transcripts/biblical-series-ix.

O tema do confronto com o desconhecido também está presente na narrativa de Sodoma e Gomorra. Deus aparece na forma de três estranhos, a quem Abraão acolhe em sua casa e trata com cortesia, apesar dos riscos óbvios de fazê-lo. Ao tranquilizar Abraão sobre o pacto de Deus de lhe dar um filho, dois dos estrangeiros vão para a cidade de Sodoma, onde são levados à casa do sobrinho de Abraão, Ló. Os homens ímpios de Sodoma cercam a casa e exigem que Ló entregue os estranhos a eles para serem abusados. Atingindo os homens com cegueira, os estranhos ajudam a família de Ló a escapar, e Deus destrói Sodoma e Gomorra fazendo chover enxofre ardente (Gênesis 18,1-19,29). Como Peterson salienta em *Mapas do Significado*, a tendência natural da humanidade é abordar o desconhecido com agressão e medo, mas, muitas vezes, é o desconhecido que oferece o maior potencial de significado e de revitalização das próprias suposições e crenças fundamentais[186]. A história de Sodoma e Gomorra representa duas estruturas opostas para lidar com "o outro", com duas consequências dramaticamente diferentes. Abraão, que trata os estrangeiros com respeito, é recompensado com a renovação da promessa de Deus de lhe dar um filho; os homens de Sodoma, que abordam os estrangeiros com desprezo, são totalmente destruídos[187].

O tema do estranho e como interagir com o desconhecido é um conceito que está no cerne da cultura ocidental. Apesar da tendência humana de rejeitar o desconhecido, a história de Sodoma e Gomorra demonstra que existe um valor transcendente em cada indivíduo que deve ser respeitado, independentemente de quem ele seja e do que ele possa ter feito. O conceito de direitos naturais surgiu em grande parte da noção bíblica de que cada indivíduo é dotado do *Logos* criativo e, portanto, participa da natureza divina de Deus. Essa ideia, reitera Peterson, sustenta os valores que defendem os sistemas jurídicos

186 Peterson, Jordan B. *Maps of Meaning*, 197.

187 Peterson, Jordan B. "Biblical Series XI: Sodom and Gomorrah Transcript", jordanbpeterson.com, https://jordanbpeterson.com/transcripts/biblical-series-xi.

ocidentais, uma vez que, mesmo aos assassinos mais infames, é concedido um certo grau de dignidade humana. O modo como alguém interage com o estranho também influencia a capacidade de navegar pelo mundo com um grau correspondente de sucesso. Abordar o desconhecido a partir de uma posição de curiosidade, e não de medo, desenvolve a resiliência necessária para se adaptar aos desafios da vida com uma maior sensação de facilidade e oferece proteção contra várias circunstâncias imprevistas e calamidades. Ao buscarmos, além de nós mesmos, aquilo que ainda não foi compreendido, muito pode ser aprendido e muito sofrimento evitado. A atitude acolhedora de Abraão para com os estranhos demonstra coragem, mas também modela o modo ideal de ser para com "o outro"[188].

Com a palestra de encerramento de sua série de doze partes, Peterson retorna ao tema fundamental do sacrifício. Numa sociedade hiperconsumista, em que os direitos superam as responsabilidades, e as liberdades são elevadas acima dos deveres, Peterson argumenta que a redescoberta do sacrifício é crítica para a prosperidade contínua da cultura ocidental. No centésimo ano de Abraão, Deus cumpre sua promessa: Sara fica grávida e dá à luz seu filho Isaque. Quando Isaque fica mais velho, Deus administra o teste final para provar a fé de Abraão, ordenando-lhe que sacrifique seu filho amado. Ao construir um altar e colocar Isaque sobre ele, Abraão se prepara para matar seu filho como Deus ordenou, mas é impedido pelo anjo do Senhor. A história termina com a renovação da aliança abraâmica por Deus. "Agora sei que temes a Deus, visto que não me negaste o teu filho" (Gênesis 22,12), declara o anjo do Senhor: "E em tua descendência serão benditas todas as nações da terra; porque obedeceste à minha voz" (Gênesis 22,18).

Peterson aborda a história com considerável hesitação. Ele ressalta que a ordem de Deus de sacrificar uma criança é, muitas vezes, uma pedra de tropeço para qualquer estudante atencioso que procure redescobrir a tradição bíblica. Contudo, tal como acontece

---

188 Peterson, Jordan B. "Biblical Series XI".

com a história de Caim e Abel, Peterson reitera a sua crença de que a descoberta do sacrifício foi absolutamente crítica para o desenvolvimento da civilização em geral, e para o Ocidente em particular; portanto, precisava ser ilustrado da maneira mais dramática possível. Embora o sacrifício fosse comum entre as culturas na época de Abraão, Peterson sugere que havia um elemento único no sacrifício na tradição judaico-cristã que contribuiu para o sucesso da civilização ocidental. O Deus da Bíblia não exigia simplesmente sacrifícios para seu apaziguamento, mas exigia o sacrifício daquilo que era mais querido. Nesse caso, existe uma linha tênue entre o sacrifício de si mesmo e o do filho. Isso é amplificado na história de Abraão na expectativa que leva ao nascimento de Isaque. Muitas vezes acontece que a vida exige que abandonemos aquilo a que mais nos apegamos para que possamos superar as circunstâncias atuais e crescer em virtude. Embora Abraão possa ter sido escolhido por Deus, Peterson ressalta que isso não significava que a vida seria fácil. Viver na pobreza, na fome e na guerra pode ter sido bastante difícil, mas ter de sacrificar o seu filho amado, a quem ele esperou toda a sua vida para abraçar, teria sido absolutamente devastador. Esse foi, portanto, o maior sacrifício que Abraão poderia oferecer[189]. O retrato dramático de tal sacrifício foi um pré-requisito para a compreensão do sacrifício dentro da tradição judaico-cristã e, portanto, pode-se dizer que contribuiu para a noção ocidental de progresso que era necessária para guiar a humanidade rumo à modernidade.

CRISTO COMO ARQUÉTIPO DO SACRIFÍCIO

Embora a série de palestras de 2017 seja principalmente uma investigação das histórias de Gênesis, as palestras de Peterson costumam fazer uso da noção cristã do Antigo Testamento como um precursor da vinda de Cristo. Observando que a Bíblia é notavelmente

189 Peterson, Jordan B. "Biblical Series XII: The Great Sacrifice: Abraham and Isaac Transcript", jordanbpeterson.com, https://jordanbpeterson.com/transcripts/ biblical-series-xii.

complexa, Peterson invoca a analogia moderna de um "livro completamente cheio de hiperlinks", com cerca de 65 mil referências cruzadas, que avançam e retrocedem no tempo para produzir uma narrativa estrutural completa e coerente[190]. Seguindo a tradição cristã, Peterson entende que o objetivo para o qual a Bíblia foi montada é para apontar para o cumprimento dos temas do Antigo Testamento na pessoa de Jesus Cristo. Os temas simbólicos e arquetípicos em desenvolvimento no Gênesis são levados às suas conclusões com a encarnação, morte e ressurreição de Deus, o Filho, aparecendo em carne como o Salvador da humanidade. Ao examinar brevemente o significado psicológico de Cristo por meio dos métodos interpretativos de Peterson, podemos começar a tirar conclusões sobre o impacto e a relevância que as suas palestras bíblicas oferecem àqueles que procuram descobrir e explorar as raízes da cultura ocidental com maior contextualização e significado.

Para Peterson, Cristo é a ponte entre a verdade que é conhecida e a verdade que é incognoscível. Como Deus Filho, Cristo é a imagem de Deus em cuja semelhança toda a humanidade foi criada. Como Deus encarnado, Cristo é também o modelo do indivíduo perfeito que aceita as tragédias da vida e transcende as suas vicissitudes, dirigindo o olhar da humanidade para cima, em direção ao reino de Deus[191]. Desde a queda da humanidade no jardim do Éden, a autoconsciência – da qual surge a propensão humana para o mal – torna-se o dilema crítico que é enfrentado em todo o Antigo Testamento, com a narrativa se desenvolvendo em um crescendo que culmina na morte e ressurreição de Cristo. Conforme prenunciado pelas histórias de Abel, Noé e Abraão, o tema do sacrifício surge mais uma vez como o antídoto definitivo para as tragédias e a malevolência do ser. A paixão

190 Peterson, Jordan B. "Biblical Series I".

191 Peterson, Jordan B. "On the Ark of the Covenant, the Cathedral, and the Cross: Easter Message 1", jordanbpeterson.com, https://jordanbpeterson.com/philosophy/ on-the-ark-of-the-covenant-the-cathedral-and-the-cross-easter-message-i.

de Cristo, declara Peterson, torna-se o evento central ao qual todas as histórias bíblicas são dirigidas. Trata-se da representação perfeita de uma história arquetípica à medida que aborda os limites do sofrimento humano e das qualidades da bondade redentora. A traição, o sofrimento e a morte de Cristo, diz Peterson, resumem os piores eventos possíveis que podem acontecer ao maior indivíduo possível. Assim, a paixão de Cristo não só se baseia no grande sacrifício de Abraão, mas também o excede como o arquétipo quintessencial do sacrifício propriamente dito[192]. À medida que Deus sacrifica o seu único Filho e, ao mesmo tempo, se sacrifica, a redenção da humanidade torna-se agora possível à medida que o maior sacrifício para o maior bem possível é realizado na cruz.

SIGNIFICADO PARA O MUNDO MODERNO

O apelo das interpretações bíblicas de Jordan Peterson por intermédio das lentes da psicologia clínica pode ser atribuído, em grande parte, tanto às suas perspectivas únicas e cuidadosamente articuladas, transmitidas por meio da sua personalidade carismática e identificável, como ao momento da sua mensagem. Embora Peterson apresente a Bíblia em um formato que pode ser facilmente apreciado por muitos fora da igreja por meio de suas tentativas de unir mitologia e ciência de uma maneira que possa ser facilmente digerida por intermédio de um paradigma secular moderno, a enorme demanda por sua série bíblica fala a um déficit cultural mais profundo nos países ocidentais. Num mundo confrontado com o aumento do sofrimento e da injustiça, juntamente com a ameaça de uma calamidade ambiental global, muitos no Ocidente estão começando a perder a fé na promessa utópica de mais de quatro séculos de racionalismo iluminista. No entanto, como argumenta Peterson, a reação pós-moderna a esse dilema levou muitos

192 Peterson, Jordan B. "Biblical Series XI".

a recorrerem à política identitária para criarem o seu próprio significado, deixando assim a sociedade ainda mais dividida do que antes. Enquanto o Ocidente se encontra na encruzilhada entre o niilismo e o identitarismo, muitos jovens tornaram-se sedentos por uma filosofia mais profunda para renovar o significado da vida e estão começando a encontrá-la na sabedoria de tradições há muito esquecidas.

Parte do apelo de Peterson é a sua vontade de sair do paradigma moderno a fim de navegar pela verdade embutida na tradição sem perder de vista o litoral. Para Peterson, o racionalismo científico puro simplesmente não é suficiente para explicar as complexidades da condição humana e as muitas facetas da experiência que não podem ser reduzidas a uma abordagem quantitativa. Embora ele se identifique principalmente como um cientista, Peterson é atraído pelas histórias bíblicas, não apenas para compreender o papel histórico objetivo delas na formação da cultura ocidental e os valores que a diferenciam de outros projetos civilizacionais, mas também para extrair, do poço profundo de sabedoria antiga, insights sobre uma área da experiência humana que permanece em grande parte não penetrada pela investigação científica. Em sua interpretação das histórias bíblicas, Peterson reúne aquilo do que o mundo é feito e como agir nele.

Em *Mapas do Significado*, Peterson categoriza a estrutura da realidade em duas áreas principais: o mundo como um "fórum de ação" e o mundo como um "lugar de coisas"[193]. Com demasiada frequência, os dois são colocados em conflito, e, como resultado, temos apenas um vislumbre parcial da realidade da condição humana. Para Peterson, o mundo dos fatos objetivos validados pela investigação científica e o mundo da mitologia que dá significado a tais objetos não podem ser separados. Pelo contrário, eles devem ser integrados se quisermos distinguir entre o mundo como é e o mundo como deveria ser[194]. É

193 Peterson, Jordan B. *Maps of Meaning*, 13.

194 Peterson, Jordan B. *Maps of Meaning*, 15.

precisamente assim que Peterson aborda a Bíblia. Ao interpretá-la como um conjunto de histórias que fornecem significado universal à estrutura que forma a base de todas as interações sociais, Peterson gera uma síntese renovada entre as propriedades validáveis do mundo material e os valores socialmente estabelecidos que se desenvolveram a partir do domínio criativo do simbolismo religioso. Ao fazê-lo, Peterson começa a investigar os maiores mistérios do desenvolvimento humano embutidos em tais histórias que tanto a visão de mundo puramente científica como a perspectiva exclusivamente mitológica simplesmente não poderiam realizar por si mesmas.

Como cristão que absorve as palestras bíblicas de Jordan Peterson, é difícil não entrar em conflito entre sentimentos de admiração pelo seu papel como proeminente defensor da fé e ceticismo em relação a uma hermenêutica bíblica que está em grande parte desligada dos fundamentos da teologia e da tradição. A ambiguidade com que Peterson aborda a sua própria fé em Deus levanta certamente muitas questões ao crente no que diz respeito ao grau em que a sua abordagem à interpretação da Bíblia pode ser defendida. Peterson permanece agnóstico quanto à possibilidade da morte e ressurreição literal de Jesus Cristo – a pedra angular sobre a qual a fé cristã repousa. O que é importante, na opinião de Peterson, é a transformação psicológica que ocorre em uma pessoa quando ela coloca em prática o papel de Cristo na própria vida. Para muitos cristãos, contudo, tal resposta permanece inadequada, pois não aborda os fundamentos teológicos e metafísicos sobre os quais a fé cristã nasceu. O apóstolo Paulo, ao pregar à igreja em Corinto a respeito da ressurreição dos mortos, responde ao desafio de que a ressurreição era meramente um fenômeno espiritual, proclamando que "se Cristo não ressuscitou, a vossa fé é vã; ainda estais em vossos pecados" (1Coríntios 15,17). Embora Peterson não esteja disposto a descartar a possibilidade de salvação universal por meio da ressurreição física de Cristo, ele também parece incapaz – pelo menos, por enquanto – de dar o salto de fé que os cristãos consideram necessário para transcender o reino da certeza material para a presença eterna do divino.

No entanto, em vez de rejeitarem completamente a hermenêutica psicológica de Peterson, os cristãos podem ser bem servidos se procurarem compreender porque é que a sua série bíblica fez incursões junto das gerações mais jovens em áreas onde muitas igrejas têm enfrentado dificuldades. O que é verdadeiramente notável na abordagem de Peterson é a sua capacidade de reintroduzir essas histórias fundamentais a uma geração que cresceu com pouco ou nenhum conhecimento da sua herança cultural e está alheia às narrativas que moldaram quase todos os aspectos das suas realidades sociais. Privado dessas histórias tanto em casa como na escola, Peterson as apresenta de uma forma que desperta um interesse renovado naqueles que anseiam por um propósito maior do que a busca superficial da felicidade oferecida pelos paradigmas moderno e pós-moderno. O que diferencia Peterson tanto da abordagem secular como da abordagem cristã padrão é que ele vê as histórias bíblicas não apenas como contos antiquados ou dogmas religiosos, mas também como arquétipos vivos. Para Peterson, tais histórias têm o potencial de orientar o nosso caminho pela vida de uma forma que seja coerente com os melhores aspectos das lições evolutivas aprendidas pela humanidade, que, como ele ilustra, são encontradas totalmente preservadas e intactas dentro da consciência mitológica coletiva dos nossos ancestrais.

Assim, Peterson baseia-se na esperança de muitos cristãos de que essas histórias vitais possam, mais uma vez, ter relevância na vida cotidiana dos indivíduos e revivificar uma cultura em declínio e rebelde no Ocidente. Para Peterson, as histórias bíblicas não são incompatíveis com o Iluminismo; pelo contrário, podem ser adotadas como um modelo de verdade moral que complementa a verdade objetiva revelada pela ciência. Para ele, as histórias bíblicas são talvez a maior representação da jornada humana já compilada. Com os seus símbolos, metáforas e arquétipos lindamente articulados, elas têm o potencial de revelar os mistérios mais íntimos da psique humana para aqueles que procuram redescobri-los. Para muitos, a síntese da psicologia clínica e do simbolismo bíblico de Peterson vai ao encontro deles onde eles estão, satisfazendo o anseio por um significado espiritual mais profundo, ao mesmo tempo que permanece fundamentado no nosso paradigma científico moderno. Os maravilhosos insights que Peterson oferece sobre o significado psicológico da Bíblia atraíram, portanto, muitos que podem estar abertos a ouvir o evangelho se ele for explicado na linguagem da psicologia moderna – uma linguagem que eles podem compreender e com a qual podem se identificar.

No entanto, embora as palestras de Peterson possam ser uma porta através da qual muitas pessoas com mentalidade empírica podem começar a compreender a fé, as suas interpretações só podem servir como um marco no início do caminho para um conhecimento mais profundo de Deus. A jornada contemplativa de um cristão se estende além dos aspectos materiais e até mesmo psicológicos da realidade, penetrando profundamente no ser metafísico, na essência da alma humana – um lugar onde o impulso religioso substitui o racional, e onde a pura luz da graça, do perdão e do amor pode verdadeiramente ser experimentado em sua plenitude divina.

CAPÍTULO 7

A Imagem de Cristo: Jordan Peterson como Humanista

Esther O'reilly

Nos anais da ficção científica, poucas obras se destacam mais do que *Um Cântico para Leibowitz*, de Walter E. Miller (1923-1996). Publicado originalmente como três *novellas* [contos] independentes, foi reunido em um todo coeso e lançado com grande aclamação em 1959. As três histórias abrangem milhares de anos em um futuro profundo, depois que um apocalipse nuclear destruiu a civilização como a conhecemos. Todos estão situados no mesmo pequeno mosteiro no deserto, no sudoeste americano, onde os restos do conhecimento escrito da humanidade são cuidadosamente preservados. Com o seu exame inabalável da arrogância humana, da santidade humana e do conflito entre a Igreja e o Estado, o romance não perdeu nada da sua potência sessenta anos depois.

Uma das cenas mais marcantes ocorre no início da *novella* intermediária, quando a civilização está à beira de uma nova revolução científica. Um jovem aspirante a Einstein, Thon Taddeo, está impaciente para ver os fragmentos arquivados do mosteiro, que poderiam fornecer o elo que faltava nas suas teorias. No entanto, ele confidencia a um padre que oscila entre o entusiasmo e a incredulidade quanto ao que os documentos podem conter. É inacreditável que a humanidade, no seu estado pós-apocalíptico miserável e atrofiado, possa traçar a sua linhagem até aos homens que dominaram a gravidade e voaram para a Lua. Taddeo convida o padre a olhar pela janela de seu escritório e ver uma demonstração ambulante: um velho camponês, com o rosto e o pescoço afetados pela sífilis, voltando para casa com seu cavalo no entardecer. Ele mostra sinais de paresia, mas a queda no QI não seria tão perceptível, avalia Taddeo. "Analfabeto, supersticioso, assassino. Ele adoece seus filhos. Por algumas moedas, ele os mataria. [...] Olhe para ele e diga-me se você vê a descendência de uma civilização outrora poderosa. O que você vê?".

O padre sente uma onda de raiva. "A imagem de Cristo", ele responde irritado. "O que você esperava que eu visse?"[195].

HOMEM EM PARTICULAR

Para o bem ou para o mal, Jordan Peterson tornou-se um tema de fascínio obsessivo para muitos. No entanto, embora outros possam considerá-lo o homem mais interessante do mundo, parece que Peterson se classificaria numa posição muito baixa nessa lista. Na verdade, se não tivéssemos nenhuma outra impressão desse superastro intelectual, deveríamos sair com isto: Jordan Peterson é um homem infinitamente fascinado por outras pessoas.

Para alguns intelectuais, estudar pessoas comuns é um exercício claramente paternalista. Fazendo eco a Dostoiévski (1821-1881), eles gostam de examinar a "humanidade em geral", desde que consigam manter o "homem em particular" à distância. No entanto, Jordan Peterson é um tipo diferente de intelectual. Ele diz a seus alunos que, se eles estiverem tendo uma conversa chata, é porque não estão ouvindo com atenção suficiente. Se estivessem ouvindo, veriam cada pessoa como singularmente estranha e, portanto, singularmente maravilhosa[196]. Eles compreenderiam que jamais conheceram uma pessoa meramente comum.

---

195 Miller, Walter E. *A Canticle for Leibowitz*. Nova York: Bantam, 1997, 129.

196 Veja, por exemplo, este clipe de uma palestra em sala de aula: "Se você ouvir as pessoas, elas vão te contar as coisas mais estranhas e sangrentas, tão rápido que você simplesmente não consegue acreditar. Então, se você está conversando com alguém e é chato, é porque você é estúpido. Esse é o motivo".

Como clínico, Peterson teve muitas oportunidades de trabalhar com pessoas que não eram apenas tediosas, mas profundamente feridas, disfuncionais e desequilibradas. Às vezes, elas mal conseguiam se comunicar. Às vezes, as palavras saíam delas sem que houvesse alguma maneira de interromper o fluxo. Ele escreve,

> Na minha prática clínica, falo e ouço. Falo mais com algumas pessoas e ouço mais outras. Muitas das pessoas que ouço não têm mais ninguém com quem conversar. Algumas delas estão verdadeiramente sozinhas no mundo. Existem muito mais pessoas assim do que você imagina. Você não as conhece, porque elas estão sozinhas. Outras estão cercadas por tiranos ou narcisistas ou bêbados ou pessoas traumatizadas ou vítimas profissionais. Algumas não são boas em se articular. Elas saem pela tangente. Elas se repetem. Dizem coisas vagas e contraditórias. Elas são difíceis de ouvir[197].

Hoje, em vez de ouvir as piores notícias das pessoas durante horas a fio, Peterson ouve as boas notícias das pessoas em intervalos de trinta segundos, enquanto as cumprimenta após as suas palestras. No entanto, ele dá toda a atenção às histórias de trinta segundos, não porque seja obrigado, mas porque quer. E, quando ele se lembra dessas pessoas, ele se lembra delas não como membros de um grupo amorfo, mas como indivíduos. Quando um jovem lhe diz que se recuperou do vício ou que conseguiu se reconciliar com o pai; para Peterson, ele não é apenas mais um viciado recuperado ou filho reconciliado. Ele é uma pessoa única pela qual vale a pena alegrar-se e até chorar. Ele é, como diz Peterson, "um centro de criação"[198].

Isso está em profunda consonância com a doutrina cristã de que cada pessoa individual é moldada de forma única à imagem de Deus.

Bite-Sized Philosophy, "Jordan Peterson, How to REALLY Listen to Someone", vídeo do YouTube, 10:00, 17 de janeiro de 2018, https://www.youtube.com/ watch?v=J24TGZDk960.

197 Peterson, Jordan B. *12 Rules for Life: An Antidote to Chaos*. Toronto: Random House Canada, 2018, 284-85.

198 Room for Discussion, "Jordan Peterson at Room for Discussion", vídeo do YouTube, 1:27:12, 7 de novembro de 2018, https://www.youtube.com/watch?v =v-PQbFfQKVs&, 1:02:45-1:06:00.

Mesmo sendo um descrente, Peterson é constantemente assombrado por essa ideia e luta com ela. Em sua segunda palestra sobre o Gênesis, ele interpreta isso como significando que a caracterização central da consciência divina e humana é o *Logos*: aquilo que fala no vazio do caos e produz uma ordem habitável[199]. Embora Deus seja todo-poderoso e onisciente, Ele deu ao homem finito e limitado a capacidade de "co-criar o mundo", guiado pela voz da consciência[200]. É nesse sentido que cada homem está no centro da criação – colonizando, raciocinando, escolhendo, lutando. É esse peso que curva os ombros do maior rei, e essa honra que levanta a cabeça do mais pobre mendigo.

Apesar de todas as famosas controvérsias de Peterson, afirmo que essa é a sua ideia mais radicalmente contracultural e a que mais merece um envolvimento sério por parte dos cristãos. Muito mais do que um para-raios político, Peterson é um pensador humanista de originalidade e poder incomuns. Ao mesmo tempo, um exame mais atento do seu projeto revela os pressupostos subjacentes que estão em tensão com os seus instintos humanistas. O seu trabalho oferece, portanto, uma oportunidade bem-vinda para avançar em direção a uma filosofia mais robusta do humanismo cristão.

UM CONTO DE DUAS HISTÓRIAS

"Que trabalho é homem!", exclama Hamlet, e bem que poderíamos exclamar com ele. O homem é "a beleza da terra". Ele é a coroa da criação, o ápice, o ponto mais alto. Sua medida é incalculável. Dificilmente poderia parecer menos para alguém que tenha olhos para ver.

Mas o cientista não se comove. Shakespeare (1564-1616) é muito adorável, mas suas afirmações não são testáveis nem falsificáveis. Assim, Charles Darwin (1809-1882) assume a responsabilidade de nos trazer

199 Peterson, Jordan B. "Biblical Series II: Genesis 1: Chaos & Order", jordanbpeterson.com, https://jordanbpeterson.com/transcripts/biblical-series-ii/.

200 Peterson, Jordan B. "Responsibility, Conscience and Meaning", vídeo do YouTube, 1:38:16, 7 de janeiro de 2019, https://www.youtube.com/watch?v=10QsBmawqxg&, 54:00-55:45.

todos de volta à terra: "O homem, em sua arrogância, considera-se uma grande obra digna da interposição de uma divindade. Mais humilde e creio mais verdadeiro seria considerá-lo como tendo sido criado a partir de animais"[201].

Existem poucos alunos mais dedicados de Charles Darwin do que Jordan Peterson. Para muitas das portas do pensamento de Peterson, Darwin detém a chave. No primeiro capítulo de *12 Regras para a Vida*, ele nos convida a considerar a lagosta. Por quê? Porque, se pudéssemos reverter a evolução humana de Darwin, ancestral por ancestral, acabaríamos por confrontar aquele ancestral que partilhamos com a lagosta. Estamos todos conectados na grande Árvore da Vida. A menos que compreendamos a lagosta, não poderemos compreender a nós mesmos. A menos que entendamos o Animal, não poderemos compreender o Homem. Isso Peterson considera um fato incontestável.

No entanto, ao contrário de Darwin, Peterson não vê arrogância na autoavaliação de Hamlet. Na verdade, como vimos, ele acredita que a criação gira literalmente em torno do indivíduo humano. Não parece exagero dizer que, tal como o poeta, Peterson fica maravilhado com a obra que é o Homem. Como, então, essas coisas podem ser reconciliadas em sua mente?

Talvez a resposta mais clara de Peterson a essa questão possa ser encontrada no seu primeiro livro, *Mapas do Significado*. Lá, ele escreve,

> É o aspecto subjetivo da individualidade – da experiência – que é divino, não o objetivo. O homem é um animal, do ponto de vista objetivo, que não merece mais consideração do que a opinião e as oportunidades do momento ditam. Do ponto de vista mítico, porém, cada indivíduo é único – é um novo conjunto de experiências, um novo universo; foi-lhe concedida a capacidade de trazer algo novo à existência; é capaz de participar do próprio ato de criação. É a expressão dessa capacidade de

201 Darwin, Charles. *Charles Darwin's Notebooks, 1836-1844*, ed. Paul H. Barrett et al. Ithaca: Cornell University Press, 1987, 300.

> ação criativa que torna as trágicas condições de vida toleráveis, suportáveis – notáveis, milagrosas[202].

Toda uma história de ideias está contida nesse parágrafo. O teólogo cristão Francis Schaeffer (1912-1984) descreveu apropriadamente essa história como um cisma entre o "andar inferior" dos fatos objetivos e o "andar superior" dos valores subjetivos[203]. Na mente ocidental, a ciência governa o reino dos fatos; o mito, o reino dos valores. Tal como os seus pares, Peterson aceita essa divisão como algo natural. Ele acredita que a ciência fornece o quadro evolutivo padrão para as origens do homem, enquanto o mito é a classificação adequada para a tradição judaico-cristã de que o homem foi especialmente criado à imagem de Deus. No entanto, é apenas nesse mito que o homem encontra propósito. É somente aqui que ele é digno, elevado acima dos animais para ficar um pouco abaixo dos anjos.

Peterson abertamente confessa a sua incapacidade de sintetizar essas duas narrativas, essas duas histórias. Ele não consegue ver como "o fato... de termos rastejado para sair do lodo e da lama" pode "coexistir" com o "mito" do Gênesis[204]. No entanto, ele observa que mesmo que digamos que não somos mais do que primatas altamente avançados, certamente não agimos como tal. Pelo menos, ele argumenta, a maioria das pessoas não age assim na maior parte do tempo. Aqueles momentos da história em que o raciocínio evolutivo foi levado à sua conclusão totalmente lógica em grande escala ainda assombram os sonhos de Peterson. As "opiniões e oportunidades" desses momentos foram as opiniões e oportunidades de homens malévolos, e o valor da humanidade foi julgado em conformidade.

---

202 Peterson, Jordan B. *Maps of Meaning*, 481.

203 Schaeffer, Francis. *Escape From Reason*. Londres: Inter-Varsity Press, 1968, cap. 4.

204 Peterson, Jordan B. "Swedes Want to Know: Take 2: Ivar Arpi Interviews Me Again", vídeo do YouTube, 1:19:53, 9 de março de 2018, https://www.youtube.com/ watch?v=B74WowudoFg&, 1:03:30-1:05:00.

No entanto, se formos de fato "criados a partir de animais", então, do ponto de vista materialista, o valor do indivíduo humano *está* em fluxo, tal como o valor de um animal está em fluxo. Assim, na medida em que mesmo o secularista mais estridente *age* instintivamente *como se* houvesse algo intrinsecamente valioso na pessoa humana, ele age mais como um cristão do que como um ateu. É por isso que Peterson conclui que as verdades científicas ou materiais não são as coisas *mais verdadeiras*: elas não governam as nossas vidas. Podemos pensar que vivemos no andar de baixo, mas, se pudéssemos abrir os olhos, veríamos que temos vivido no andar de cima o tempo todo. David Berlinski (1942-) resume: "A ideia de que o homem foi criado à imagem de Deus permanece o que sempre foi: e essa é a posição padrão instintiva da raça humana"[205].

SER OU NÃO SER?

"Pretendo tirar minha própria vida muito em breve. Por que eu não deveria?".

Era uma pergunta que Peterson sem dúvida já ouvira muitas vezes, embora nunca nesse contexto. Já era bem tarde, e sua energia diminuía à medida que a parte de perguntas e respostas de sua palestra em Indiana avançava. Mas se essa era uma questão séria, exigia uma resposta séria[206].

Ele começa dizendo o que qualquer médico que se preze diria: pense naqueles que você deixará para trás. Não presuma que eles estariam melhor sem você. Diga às pessoas que se importam com você como você está se sentindo. Vá a um hospital. Fale com um psiquiatra. Descubra se você está sofrendo de uma doença tratável. Considere experimentar antidepressivos: "Não estou afirmando que sejam uma

---

205 Berlinski, David. *The Devil's Delusion*. Nova York: Crown Forum, 2008, 179.

206 Toothandsticks. "Jordan Peterson 12 Rules Live in Indianapolis (06-15- 2018)", vídeo do YouTube, 2:35:02, 16 de junho de 2018, https://www.youtube.com/watch?v =5hNfvbpNXEA, 1:21:31-1:27:14.

panaceia. Mas eles certamente venceram o suicídio". Não presuma que você não tem nada a oferecer ao mundo.

Neste ponto, um elemento diferente entra na resposta de Peterson. Ele começa a parar de soar como um clínico típico: "Você tem valor intrínseco e não pode simplesmente colocar um fim nisso de qualquer modo. Você deixará um buraco na estrutura do próprio Ser". Essas são palavras fortes e contraculturais: *valor intrínseco*. *Não pode*. *Um buraco na estrutura do Ser*. Suas palavras finais são ainda mais impressionantes: "Não tenha tanta certeza de que sua vida é sua para dispor dela. Entenda, você não é dono de si mesmo da mesma forma que possui um objeto. Você tem uma obrigação moral consigo mesmo como um local de valor divino, digamos. Você não pode tratar isso de qualquer jeito. É errado". Ele repete esse ponto para dar ênfase ao resumir todas as razões que apresentou para explicar por que o questionador não deveria pôr fim à sua vida em breve, ou em qualquer outro momento que fosse: "Não subestime o fato de que o suicídio é errado".

Essa resposta não poderia ser mais contraditória com o espírito da nossa época, que valoriza a autonomia acima de tudo na hierarquia de valores. Nosso primeiro instinto pode ser parar o homem na ponte, mas, e se ele nos dissesse que havia pensado nas coisas com muito cuidado, que havia consultado médicos e que, considerando todas as coisas, ele ainda preferiria não continuar vivendo? Dizem-nos que a vida do homem é dele para fazer o que quiser. Se restringirmos a sua autonomia sobre o seu próprio corpo, somos *nós* que somos moralmente culpados. E se a nossa assistência for necessária, somos obrigados a prestá-la. Como escreveu Charles Krauthammer (1950-2018) no seu assustador e profético ensaio de 1997, "The Dutch Example" ["O Exemplo Holandês", em tradução livre], "Quando vemos alguém num parapeito elevado pronto para saltar, somos obrigados por todas as normas da nossa sociedade a enfrentá-lo e a puxá-lo de volta do abismo. Agora estamos sendo solicitados a nos tornarmos uma sociedade em que, quando a alma atormentada no parapeito pede nossa ajuda para lhe conceder alívio, nós a ajudamos com um empurrão"[207].

Por outro lado, Peterson diz que não somos donos de nós mesmos e que nossas vidas não podem ser tomadas por nós. Compare com o apóstolo Paulo: "Vós não sois de vós mesmos, porque fostes comprados por bom preço" (1Coríntios 6,19-20 ESV). Ou a hierarquia de posse de C. S. Lewis, conforme descrita em *Cartas de um Diabo a Seu Aprendiz*: Screwtape adoraria que os humanos acreditassem que a palavra "meu" significa a mesma coisa quando dizem "meu corpo" e quando dizem "minhas botas" ou "meu cachorro"[208]. O corpo é um vaso que mantemos em confiança, um presente que recebemos *permissão* para usar por um tempo limitado até que nos livremos deste invólucro mortal e recebamos um corpo novo e incorruptível. Peterson expressou particular fascínio pela reverência ao corpo que decorre da insistência cristã numa ressurreição corporal: "A ideia de que o corpo é ressuscitado é uma valorização do valor do particular aqui e agora e do corpo, e uma ênfase no fato de que isso também tem valor divino e precisa ser atendido e cuidado adequadamente"[209].

Mas quem é o benfeitor? Peterson não sabe dizer. Ele conhece apenas o "comando singular" de W. H. Auden (1907-1973) de "abençoar o que existe para ser"[210]. Para que mais fomos feitos?

Após a palestra, o jovem questionador ficou na fila por trinta segundos com Peterson. Quando chegou a sua vez, ele disse: "Você respondeu à minha pergunta". "Qual foi essa?", Peterson perguntou, amigável e relaxado. "A questão séria." Num piscar de olhos, o rosto de Peterson congelou em uma intensidade severa. Ele colocou as

---

207 Krauthammer, Charles. "The Dutch Example", Washington Post, 10 de janeiro de 1997, https://www.washingtonpost.com/archive/opinions/1997/01/10/the-dutch-example/71fb58d5-58d4-4a76-855b-3f46ed922b45.

208 Lewis, C. S. *The Screwtape Letters*. Nova York: Macmillan, 1980, 97-98.

209 Peterson, Jordan B. "Responsibility, Conscience and Meaning", vídeo do YouTube, 1:38:16, https://www.youtube.com/watch?v=10QsBmawqxg&, 1:24:20-1:24:40.

210 Auden, W. H. *Precious Five*, in *Collected Poems*, ed. Edward Mendelson. Nova York: Vintage, 1991.

mãos nos ombros do jovem e olhou-o nos olhos, baixando a voz para um sussurro: "Por favor, cuide-se, cara". "Vou adiar", respondeu o menino. Peterson suavizou-se e sorriu. "Bom. Obrigado"[211].

OS MANÍACOS

A rejeição de Peterson à moralidade do suicídio pressupõe que o indivíduo humano é um local de valor intrínseco infinito. É essa suposição implícita partilhada que, afirma ele, faz de todos nós cristãos funcionais. Segundo ele, um ateu verdadeiramente consistente dispensaria essa suposição e colocaria o princípio de que "se Deus está morto, então tudo é permitido" logo em prática. Ele desenvolve essa tese no capítulo mais sombrio do *12 Regras para a Vida*, o qual explora a psicologia de *serial killers* e atiradores em massa.

E, no entanto, ele não consegue reconhecer as formas mais sutis e insidiosas como os seus pares ateus "iluminados" consistentemente fizeram as pazes com a cultura da morte. Culturalmente, podem estar rio abaixo dos princípios judaico-cristãos. Mas a fé de Peterson de que esses princípios são suficientemente evidentes para superar a capacidade do homem de se autoiludir é equivocada. Isso se torna mais evidente quando voltamos nosso foco para as margens da vida – o começo e o fim.

Charles Krauthammer já viu como uma sociedade poderia aprender que a morte é melhor que a vida. Ele compreendeu que os cidadãos leais dos andares inferiores não estão confinados às nossas prisões nem às nossas alas psiquiátricas. Eles percorrem os corredores de nossos departamentos de filosofia, escrevem artigos

211 Essa troca foi obtida em uma entrevista com o rapaz e preservada em capturas de tela do canal conservador *Chicks On the Right*, em uma reportagem intitulada "Uma coisa extraordinária aconteceu na apresentação de Jordan Peterson em Indianápolis". O jovem teve mais uma conversa com Peterson no *Twitter*, onde disse que estava pensando em internar-se em um hospital por conselho de Peterson. Peterson respondeu dizendo que estava emocionado. Nos meses seguintes, eu mesmo o procurei. Infelizmente, ele mudaria de ideia e tentaria o suicídio naquele outono. A tentativa não teve sucesso e ele finalmente procurou o diagnóstico e a medicação de que precisava. Enquanto escrevo, ele foi diagnosticado como bipolar, mas ainda está conosco e ansioso por um novo ano.

para revistas de bioética e atuam como peritos em tribunais. O que vem instintivamente, eles treinam para resistir. O que seus alunos trazem para a sala de aula como posição padrão, eles assumem a responsabilidade de destruir.

Esses incluem filósofos como James Rachels (1941-2003), que tomou a frase de Darwin "criado a partir de animais" como o título do seu trabalho seminal sobre os direitos dos animais. Naquele momento, a noção de magistérios não sobrepostos (*nonoverlapping magisteria* – NOMA) de Stephen Jay Gould (1941-2002) estava em voga, permitindo aos intelectuais seculares ignorarem as implicações lógicas da evolução para a moralidade tradicional. Mas Rachels afirmou que os cristãos fundamentalistas não estavam errados ao ver a evolução como uma ameaça moral:

> Assim, à medida que o debate avança, apenas duas posições parecem possíveis: a visão fundamentalista de que o darwinismo solapa os valores tradicionais e, por isso, deve ser rejeitada; e a resposta evolucionista de que o darwinismo não representa nenhuma ameaça aos valores tradicionais. Quando os limites são traçados dessa forma, é difícil levar a sério a possibilidade de que o darwinismo possa ter consequências morais – especialmente a noção de que o darwinismo sabota a moralidade tradicional – sem parecer estar do lado dos inimigos da evolução. O resultado é que, nos círculos eruditos, é geralmente considerado um sinal de esclarecimento acreditar que o darwinismo não tem implicações para a ética. Perdida na névoa está a possibilidade de uma terceira alternativa: a de que o darwinismo é incompatível com a moralidade tradicional e, portanto, fornece razões para rejeitar essa moralidade e substituí-la por algo melhor[212].

Esse "algo melhor" significa acabar com a velha estrutura que concede aos seres humanos um estatuto moral superior aos animais,

212 Rachels, James. *Created from Animals: The Moral Implications of Darwinism*. Oxford, Oxford University Press, 1990, 3.

considera apenas a vida humana como sagrada e "toma o amor da humanidade como a sua primeira e mais nobre virtude"[213].

Nesse panteão duvidoso, encontramos também Peter Singer (1946-), que cunhou o termo "especista" para pessoas que mantêm a crença de que os humanos são excepcionais. Assim como Rachels, ele escreveu extensivamente a favor dos direitos dos animais. Conheci alguns cristãos que banalizaram esse trabalho, reduzindo-o a pouco mais do que uma advertência para ser gentil com os animais – certamente um sentimento que até os cristãos poderiam apoiar. Mas tal redução ignora o ponto central de Singer: nós *somos* animais e, num mundo perfeitamente moral, todas as políticas para o tratamento do homem e de outros animais permaneceriam ou cairiam juntas. Quanto à "visão tradicional da santidade da vida humana", Singer previu em 2009 que "até 2040, pode ser que apenas um grupo de fundamentalistas religiosos radicais e que nada sabem defenda a visão de que toda vida humana, desde concepção até a morte, é sacrossanta"[214]. As palavras de Stanley Hauerwas (1940-) parecem mais prescientes do que nunca: "Eu digo que, em cem anos, se os cristãos forem identificados como as pessoas que não matam seus filhos ou idosos, teremos feito bem"[215].

A dissociação entre humanidade e personalidade não pode ser contida na torre de marfim. As suas conclusões lógicas escorreram inexoravelmente da montanha da filosofia para o vale das políticas públicas, governando o destino dos nascituros, dos suicidas, dos doentes e dos moribundos. Assim, os planejadores familiares ocuparam o seu lugar no início da vida, enquanto os praticantes da morte assistida ocupam o seu lugar no final, com outros postos colocados ao longo do caminho, caso o fardo da vida se torne demasiado pesado no meio.

---

213 Rachels, James. *Created from Animals*, 1.

214 Singer, Peter. "The Sanctity of Life", Foreign Policy, 20 de outubro de 2009, https://foreignpolicy.com/2009/10/20/the-sanctity-of-life.

215 Hauerwas, Stanley e Mommsen, Peter. "Why Community Is Dangerous: An Interview", Plough Quarterly: All Things in Common?, Verão de 2016, https://www.plough.com/en/topics/community/church-community/why-community-is-dangerous.

Ninguém resume este admirável mundo novo com uma franqueza mais devastadora do que o amigo e colega de Peterson, Douglas Murray (1979-): "Muitas pessoas acreditam que o homem é sagrado aos olhos de Deus. Mas as nossas sociedades estão tentando descobrir em que circunstâncias, em que idade e durante quanto tempo são sagradas aos olhos do homem"[216].

O contexto original para a observação fulminante de Murray foi uma reflexão sobre uma entrevista que ele conduziu com Peterson. Entre outras coisas, eles discutiram o perturbador renascimento do debate sobre o QI nos círculos da direita alternativa. Num mundo onde a vida humana já não é sagrada, Murray pergunta-se o que impedirá que o século XX se repita novamente. Mas não é preciso sequer esperar que um segundo Hitler testemunhe os resultados obscuros da ética pós-cristã que nos rodeia. Jornalista experiente, Murray soou o alarme em diversas ocasiões a respeito do progresso da legislação sobre o direito de morrer em toda a Europa[217]. Simultaneamente, ele mencionou a quase completa dessensibilização ao aborto em todas as culturas ocidentais, a ponto de que até mesmo o julgamento de Kermit Gosnell (1941-)[218] provocou um encolher de ombros coletivo da mídia americana. Em seu artigo de 2014, "Would Human Life Be Sacred in an Atheist World?" ["Seria a vida humana sagrada em um mundo ateu?", em tradução livre] ele escreve: "Quanto mais os ateus pensam sobre essas coisas, mais

---

216 Murray, Douglas. "The Alarming Return of the IQ Debate", UnHerd, 30 de julho de 2018, https://unherd.com/2018/07/the-alarming-return-of-the-iq-debate/.

217 Murray, Douglas. "Grim Reaper, M.D.", National Review, 25 de abril de 2016, https://www.nationalreview.com/2016/04/euthanasia-belgium-netherlands-slippery-slope/; Murray, "A Licence to Kill—The Slippery Slope of 'Assisted Dying'", The Spectator, 29 de agosto de 2015, https://www.spectator.co.uk/2015/08/the-atheist -case-against-assisted-dying/; and Murray, "Where the Euthanasia Argument Leads", National Review, 16 de Agosto de 2018, https://www.nationalreview.com/corner/aurelia-brouwers-euthanasia-argument-leads/.

218 Kermit Barron Gosnell é um ex-médico americano e assassino condenado. Ele praticava abortos ilegais tardios em sua clínica no oeste da Filadélfia. Gosnell foi condenado pelo assassinato de três bebês que nasceram vivos após usar drogas para induzir o parto, pelo homicídio culposo de uma mulher durante um procedimento de aborto e por vários outros crimes relacionados à medicina. https://en.wikipedia.org/wiki/Kermit_Gosnell. (N. T.)

teremos que aceitar que o conceito da santidade da vida humana é uma noção judaico-cristã que pode muito facilmente não sobreviver à civilização judaico-cristã"[219].

Murray, deve-se observar, é ateu. No entanto, ele e outros ateus que hesitam na beira do precipício a que Singer e Rachels os levaram a aceitar os mesmos pressupostos. Onde, então, Singer erra? Onde está a falha no argumento de Rachels? Esses homens não são nada senão lógicos. Não podemos deixar de ouvir a voz familiar de Chesterton (1874-1936): "O louco não é o homem que perdeu a razão. O louco é o homem que perdeu tudo, menos a razão"[220].

PROBLEMAS DIFÍCEIS

O NOMA de ciência e mito de Peterson tem uma atração compreensível. Mas naufraga nas sombrias realidades práticas da bioética num Ocidente pós-cristão. Se o homem repetir, por tempo suficiente, que ele é "objetivamente" um animal, acabará por acreditar nisso como o próprio Peterson define "crença" – colocando-a em prática. Assim, eu afirmo, contra Peterson, que o humanista que não deseja estar dividido contra si mesmo deve ousar confrontar aquilo que se presume como "objetivo". Ele deve ousar descer ao andar de baixo.

Um tratamento adequado das questões que cercam as alegadas origens evolutivas do homem está além do escopo deste capítulo. No entanto, elas exigem uma consideração cuidadosa por parte de estudiosos e leigos que levam a sério o excepcionalismo humano, especialmente os cristãos com justificativa independente para afirmar a estatura divinamente elevada do homem na cadeia do ser. São questões sobre as quais os magistérios da ciência, da filosofia e da teologia não só podem, como *devem*, sobrepor-se. Muitas vezes, o que deveria ser um diálogo entre o filósofo e o cientista é um monólogo forçado. Sem

---

219 Murray, Douglas. "Would Human Life Be Sacred in an Atheist World?", The Spectator, 9 de abril de 2014, https://www.spectator.co.uk/2014/04/ethics-for-atheists/.

220 Chesterton, G. K. *Orthodoxy*. Nova York: Dodd, Mead, 1945, 32.

os freios e contrapesos dos outros magistérios, o cientificismo torna-se um dogma em si mesmo, banindo todas as objeções filosóficas ao nível superior do valor subjetivo.

Nós não deveríamos sequer ceder a própria ciência ao cientificismo. O empreendimento científico, devidamente entendido, é a busca pela melhor explicação dos dados disponíveis, e não pela melhor explicação *naturalista*. Cientistas honestos reconheceram que não existe um mecanismo darwiniano convencional para o surgimento de atributos humanos essenciais, como a linguagem e o pensamento abstrato[221]. Eles têm reconhecido isso desde que Alfred Wallace (1823-1913), o próprio colega de Darwin, questionou o paradigma darwiniano para as origens humanas em 1869. Em contraste com o próprio Darwin, cujas intuições conflitantes o fizeram temer que sua teoria fosse verdadeira, as intuições de Wallace o levaram a suspeitar que a teoria era falsa. Na verdade, escreveu ele, mesmo características físicas como o cérebro, a mão e os órgãos da fala humanos "não são explicáveis pela teoria da variação e da sobrevivência do mais apto"[222].

A marca do verdadeiro cientista é que ele reconhece as limitações da sua disciplina. Peterson demonstra tanta humildade quando repetidamente diz que não entendemos nada sobre a consciência, nem devemos presumir que algum dia chegaremos a entender[223]. As muitas inadequações flagrantes do paradigma evolucionista deveriam fazer Peterson parar enquanto ele luta com esses difíceis problemas de origem humana, não apenas como psicólogo, mas também como cientista.

Ainda assim, os cristãos que afirmam uma origem divina para a mente *imaterial* do homem, ao mesmo tempo que afirmam a continuidade *material* do homem com os animais, enfrentam um

---

221 Ver, por exemplo, "Puzzles and Mysteries in the Origin of Language" Language and Communication 50 (setembro de 2016): 12-21, de Chris Knight, onde ele conclui do trabalho de Chomsky, Zahavi e Sperber que "nenhum paradigma teórico atualmente aceito" pode explicar a linguagem.

222 Wallace, Alfred. "Sir Charles Lyell on Geological Climates and the Origin of Species", *Quarterly Review* 126 (abril de 1869): 359-94.

223 Ver, por exemplo, Pangburn, "Jordan Peterson vs Matt Dillahunty (CC: Arabic & Spanish)", vídeo do YouTube, 1:43:34, https://www.youtube.com/watch? v=FmH7JUeVQb8&, 27:30-29:40.

problema: em que ponto do desenvolvimento evolutivo do homem como uma criatura encarnada ocorre a mudança de animal para homem, e o que isso significa para a *imago Dei* em letras grandes? Para responder a essa pergunta, alguns tentaram traçar um caminho intermediário entre a narrativa evolucionista e a narrativa do Gênesis. Nessas estruturas híbridas, reconhecidamente os seres humanos evoluem inicialmente sem a imagem divina, mas adquirem-na mais tarde, num sentido nebulosamente redefinido[224]. No entanto, isso obscurece o estatuto ontológico da *imago Dei* para toda a pessoa humana, desgastando a teologia do corpo humano como sagrado e propositalmente formado. Se admitirmos que um ser humano anatomicamente moderno poderia existir sem a imagem de Deus, com que base argumentaremos contra Singer *et al* que o *Homo sapiens* enquanto espécie é necessariamente carimbado com ela, e com todos os direitos que lhe pertencem, desde o útero até à sepultura?[225]. A esmagadora evidência publicamente disponível do excepcionalismo humano sugere fortemente que chegamos aqui a uma *reductio ad absurdum*. Tal como o matemático que percebe que cometeu um erro terrível, temos de confrontar a possibilidade de não haver outra direção para seguirmos, a não ser regressar.

Entre os cientistas evolucionistas, o desejo de chegar a um meio-termo sobre essa questão é certamente compreensível, uma vez que a pressão dos pares na academia vai toda num sentido, e a maioria carece de *chutzpah* [audácia] ou agilidade filosófica para lhe resistir.

---

224 Ver, por exemplo, Richard Middleton. *The Liberating Image: The Imago Dei in Genesis 1*. Grand Rapids: Brazos, 2005.

225 Na verdade, o autoproclamado especialista em ética cristão Robert V. Rakestraw argumentou em seu artigo de 1992, "The Persistent Vegetative State and the Withdrawal of Nutrition and Hydration", que pessoas em um "estado vegetativo persistente" perderam a *imago Dei*, portanto, sua alimentação e água podem ser moralmente removidos (*Journal of the Evangelical Theological Society 35*, no. 3 [1992]: 388-405). Ele se justifica dizendo (numa nota de rodapé) que "muitas" pessoas na ética, na filosofia e na teologia concordariam com ele. Da mesma forma, o especialista em ética cristão Robert Wennberg argumentou no seu livro *Terminal Choices*. Grand Rapids: Eerdmans, 1989, que o "organismo biológico humano" perde o seu "significado" quando já não consegue "sustentar a consciência pessoal" (159-60). Por um raciocínio semelhante, ele argumenta que um feto em desenvolvimento só ganha significado quando ganha consciência.

Entre os criacionistas, também estão em curso debates internos sobre se temos provas suficientes para classificar outras espécies sob a subdivisão biológica *homo* como portadores de imagens sapientes. Onde quer que um cristão se encontre nessa conversa, ele não deve aceitar qualquer modelo de origem humana sem fazer mais perguntas. Se os únicos modelos aprovados disponíveis tornam a *imago Dei* logicamente incoerente ou ontologicamente irrelevante, talvez seja hora de tentar duvidar de outra coisa.

TAL COMO UM DEUS

No seu "Essay on Man" ["Ensaio sobre o Homem", em tradução livre], Alexander Pope (1688-1744) observa sabiamente que a dúvida é o estado natural do homem. Poucas coisas suscitam tantas dúvidas na mente do homem como a contemplação da sua própria natureza. "Ele se encontra entre; na dúvida, agir ou descansar;/Na dúvida, considerar-se um deus ou uma besta"[226]. Jordan Peterson não é exceção. Ele confia em Darwin, mas Darwin não consegue acalmar a voz mansa e delicada que lhe diz que há algo mais na "glória, na piada e no enigma do mundo". Os cristãos chamam isso de imagem de Deus. Peterson chama-lhe "a centelha divina" ou "centelha da divindade"[227]. Ao aconselhar o seu fã suicida, ele usou a expressão "um local de valor divino".

Vimos como a apreensão que Peterson tem do homem como, em certo sentido, um ser divinamente marcado, move-o com amor por cada pessoa como sendo de valor único. Ele acredita que todas as pessoas carregam essa centelha divina, independentemente do status, capacidade ou valor aos olhos da sociedade. A sua crença no valor inato do indivíduo humano e no bem absoluto do Ser leva-o a condenar o suicídio como inerentemente errado, uma filosofia que literalmente salvou pelo menos uma vida. A esse respeito, ele lembra fortemente

---

226 Pope, Alexander. "Essay on Man", https://www.gutenberg.org/files/2428 /2428-h/2428-h.htm.

227 Ver, por exemplo, sua segunda palestra sobre Gênesis, "Genesis 1: Chaos & Order".

o psicólogo austríaco Viktor Frankl, famoso por *Em Busca de Sentido*. Embora Frankl não tenha afirmado explicitamente uma cosmovisão cristã, ele argumentou apaixonadamente que cada ser humano tinha valor, dignidade e propósito intrínsecos. Como Peterson, ele rejeitou veementemente o suicídio, bem como a eutanásia. A palavra "humanismo" acumulou bagagem negativa nos círculos cristãos, mas pensadores como Frankl e Peterson podem ser chamados de "humanistas" no melhor sentido da palavra. É um sentido que os cristãos devem redescobrir e abraçar.

Ainda assim, para os ouvidos judaico-cristãos, a linguagem de Peterson sobre a "divindade" ou "o divino" em relação ao homem é ambígua o suficiente para suscitar mais questionamentos. Ele reconhece que o homem não pode funcionalmente "considerar-se uma besta" (embora se sinta obrigado a admitir que esse é objetivamente o caso quando fala como cientista). Poderia essa linguagem de "divindade" ser um movimento em direção ao outro extremo? Para ser justo, numa entrevista ele contesta que "não está tentando elevar as pessoas ao nível de semideuses" – pelo contrário, ele recomenda-nos que caminhemos em frente "com humildade"[228]. Ao mesmo tempo, ele não parece abraçar uma compreensão clara de Deus como mais do que uma ideia na mente do homem. Um trono vazio exige ser preenchido. Se Deus não estiver sentado nele, o homem verá que está ocupado. A única questão é com quem ou com o quê.

Entra em cena o intenso psicólogo Carl Jung, uma das influências mais profundas de Peterson. Jung tinha pouca paciência com o judaísmo ou com o cristianismo no sentido ortodoxo. As raízes do seu sistema residem, em última análise, em tradições pagãs que antecedem ambas as religiões. Ele procurou libertar o inconsciente coletivo do Ocidente das suas restrições judaico-cristãs e reconectá-lo com a "religião natural" dos antigos cultos de mistério, como o mitraísmo. Ele acreditava que, por meio de um processo de "individuação", cada

228 Peterson, Jordan B. "Swedes Want to Know", 1:00:50-1:01:20.

pessoa poderia tornar-se não apenas "verdadeiramente humana", mas também "parcialmente divina", "sabendo que não depende apenas de Deus, mas que Deus depende do homem"[229].

Na verdade, enquanto o Gênesis ensina claramente que somos conscientemente formados à imagem de um Criador bondoso, Jung ensinou que somos a consciência de "um ser supremo que é, em sua maior parte, inconsciente"[230]. Munidos desse contexto, podemos decifrar a resposta enigmática de Peterson numa sessão de perguntas e respostas quando lhe perguntaram: "Você acha que se toda a humanidade deixasse de existir, Deus ainda existiria?". Peterson repetidamente volta à consciência humana e se esforça para articular o que ele acha que restaria se tudo fosse extinto[231]. Isso faz sentido quando percebemos que, na estrutura junguiana, extinguir toda a consciência humana é funcionalmente extinguir "Deus".

É irônico que Peterson esteja comprometido com a primazia do indivíduo, mas o junguianismo, em última análise, torna o indivíduo subserviente ao inconsciente coletivo. Por outro lado, o cristianismo oferece a cada homem a oportunidade de conhecer a Deus como ele é conhecido por Deus. É Deus quem reúne o eu passado, presente e futuro de cada homem em Suas mãos, e Ele quem o devolve como um todo verdadeiro. Aqui reside o individualismo mais verdadeiro.

ASSOMBRADO POR CRISTO

Segundo as Escrituras, o *Logos* divino encarnou-se precisamente uma vez, em Cristo, o único e verdadeiro Deus-homem. Mas, no evangelho de acordo com Jung, Deus encarna-se em *todos* nós, "provocando uma cristificação de muitos", todos os quais, sem dúvida, poderiam

---

229 Jung, Carl. *Carta para Elined Kotschnig, em C. G. Jung Letters*, ed. Gerhard Adler e Aniela Jaffé. Princeton: Princeton University Press, 1953, 2:316.

230 Jung, Carl. *Cartas para Morton T. Kelsey*, 2:435-36.

231 Pangburn, "Jordan Peterson vs Matt Dillahunty", 1:05:00-1:08:00.

ser chamados de "homens-Deus"[232]. Dessa forma, a *imago Dei* pode "realizar-se" em nós[233]. Isso lança luz sobre a visão ascendente de Peterson sobre Cristo: Cristo era um homem excepcional, mas, ainda assim, era um homem entre outros homens "cristificados" com a mesma fagulha divina. Se ele pudesse incorporar perfeitamente o *Logos*, o que nós seríamos capazes de realizar? "Não sabemos", diz Peterson sugestivamente numa entrevista[234]. No entanto, Cristo "transcendeu a própria morte". Poderíamos imitá-lo até mesmo nisso? Se sim, o que isso significaria? Mais uma vez, Peterson recua para a névoa. Ele não sabe "o que acontece a uma pessoa se ela se alinhar completamente", embora diga que teve "insinuações" disso[235].

Mantendo o seu *modus operandi* habitual em assuntos religiosos, Peterson nunca esclareceu o que isso significa, embora declarações semelhantes que tenha feito se prestem a uma leitura metafórica: ainda temos que descobrir que tipo de transformação poderíamos efetuar nas nossas vidas e no mundo se todos vivêssemos todo o nosso potencial moral imitando Cristo[236]. Mas Jung escreveu em detalhes explícitos sobre o recebimento da iluminação transcendente por meio de supostas experiências reveladoras. Os leitores podem fazer o que quiserem com isso, mas o fascínio aberto de Jung pelo ocultismo não pode ser descartado. Veja, por exemplo, o seu relato n'*O Livro Vermelho* sobre o aparecimento do profeta Elias e da sua "filha" Salomé, que o adora e declara: "Tu és Cristo"[237]. Quando uma cobra aparece e se enrola em torno dele, ele se metamorfoseia no deus do sol ariano com cabeça de leão, Aion. Quer interpretemos isso como uma invenção, um sonho superinterpretado,

---

232 Jung, Carl. *Answer to Job*, in *The Collected Works of C. G. Jung*, ed. e trad. Gerhard Adler and R. F. C. Hull. Londres: Routledge and Kegan Paul, 1964, 11:470.

233 Jung, Carl. *Answer to Job*, 417.

234 Peterson, Jordan B. e Transliminal Media, "Ideology, Logos & Belief", jordanbpeterson.com, https://jordanbpeterson.com/transcripts/transliminal.

235 Peterson, Jordan B. e Transliminal Media, "Ideology, Logos & Belief".

236 Ver, por exemplo, sua segunda entrevista com Ivar Arpi, "Swedes Want to Know", 1:05:00–1:06:40.

237 Jung, Carl. *The Red Book*, ed. Shonu Shamdasani, trad. Mark Kyburz. Nova York: W. W. Norton, 2009, 252.

uma experiência alucinógena ou algo mais sombrio do que tudo isso, a implicação não poderia ser mais blasfemamente clara.

Joel McDurmon refere-se a essa passagem no seu artigo "Is Jordan Peterson Our New Aryan Christ?" ["Jordan Peterson é nosso novo Cristo Ariano?", em tradução livre][238]. Particularmente marcante é o seu ponto de vista de que, embora Jung prometa o transcendente, no final ele completou o círculo e fechou o ciclo com Darwin. Depois de toda a nossa investigação, ainda somos criados a partir de animais. McDurmon tem o cuidado de não rotular Peterson de nazista ou satanista enrustido, mas está preocupado em conscientizar os leitores sobre sua herança ideológica.

Infelizmente, McDurmon não parece acreditar que haja qualquer bom senso em que possamos chamar Peterson de humanista. É verdade que o trabalho de Jung mostra com detalhes perturbadores como o homem pode fazer de si mesmo um ídolo. Mas o fato de o humanismo poder ser desordenado não deve impedir os cristãos de "roubarem" o humanismo corretamente ordenado. Na medida em que o humanismo de Peterson é junguiano, deve ser rejeitado. Na medida em que é cristão, deve ser reconhecido como um bem resgatável. Cabe à Igreja desmembrar esses fios emaranhados do pensamento de Peterson com discernimento.

É improvável que o pensamento de Peterson sofra uma mudança radical num futuro próximo. As mudanças de paradigma não acontecem da noite para o dia. No entanto, a graça de Deus acena sempre, em muitos lugares, por muitos meios – até mesmo por sonhos. No sonho de Jung, ele era adorado como o Cristo. Mas um dos sonhos de Peterson oferece uma imagem muito diferente[239]. Ele recorda que estava caminhando no cemitério de uma antiga catedral, repleta de sepulturas

---

238 McDurmon, Joel. "Is Jordan Peterson Our New Aryan Christ?", American Vision, 8 de fevereiro de 2018, https://americanvision.org/15591/jordan-peterson-new-aryan-christ.

239 Um relato pode ser ouvido em seu diálogo com William Lane Craig e Rebecca Goldstein, da Wycliffe College da Universidade de Toronto, "Is There Meaning to Life?", vídeo do YouTube, 2:07:30, 26 de janeiro de 2018, https:/ /www.youtube.com/watch?v=pDDQOCXBrAw&, 1:33:32–1:37:50.

de grandes homens. Então, de repente, um rei armado levantou-se e saiu do seu túmulo. Depois outro, e outro, até que se confrontaram e começaram a brigar. Mas uma figura singular ergueu-se sobre todos, fazendo-os largar as espadas e curvarem-se em adoração. Peterson reconheceu a figura instantaneamente: era Cristo. Ele acordou e se perguntou: "O que isso significa?". Quem é esse homem? Quem é esse Rei da Glória?

Como seria de esperar, Peterson leu o sonho através de lentes arquetípicas, concluindo que mesmo o rei mais tirânico deve ter algo ou *alguém* transcendente a quem dobra os joelhos. Isso é verdade, até certo ponto. O tempo dirá se ele abraçará a Magia Profunda por trás disso. O tempo dirá se ele perceberá que, embora possamos perceber a imagem de Deus uns nos outros, é somente em Cristo que contemplamos a *face* de Deus.

Até que esse dia chegue, podemos desejar sinceramente que Cristo continue a assombrar os seus sonhos.

CONCLUSÃO

Deveria ser uma pintura: *Mulher Tímida com Cachorro*. A mulher olha para baixo, como sempre faz, protegendo os olhos como se uma luz opressiva emanasse de todas as pessoas que encontrava. Ela tem cerca de trinta e cinco anos, mas parece ter cinquenta, sem nenhuma beleza que alguém pudesse desejar. Há sujeira grudada em suas roupas e cabelos. Seus dentes estão amarelados. Ao lado dela está o cachorro que ela fielmente leva para passear todos os dias, seu único amigo e companheiro. Acima dela, olhando para baixo, está um jovem pós-doutorado em psicologia. Ele faz parte de uma equipe que tem trabalhado, com pouco sucesso, para aumentar o QI social dela. Ele é alto e esguio, bonito e determinado. Seu futuro é brilhante. Mas neste momento, suas sobrancelhas escuras estão franzidas em concentração atenta, enquanto ele se inclina para a frente para captar o que a mulher praticamente não verbal está dizendo. Ela está tentando pedir a ajuda dele com alguma coisa. Algo sobre os pacientes internados no hospital associado ao ambulatório onde se encontram. Algo sobre o cachorro dela.

Finalmente, a compreensão surge: ela não tem vindo à clínica sozinha. Ela veio quatro ou cinco vezes, mas não para conseguir ajuda para seus numerosos problemas. Ela veio em busca de alguém que possa ajudá-la a ajudar os pacientes internados que estão em situação pior do que ela, se é que isso pode ser imaginado. Mas ele pode imaginar, porque sabe exatamente a quem ela se refere. São eles que estão demasiadamente destroçados para serem desinstitucionalizados. São eles que se amontoam no porão durante os invernos gelados de Montreal, balbuciando e vagando pelas máquinas de venda automática, como almas no *Inferno* de Dante. Comparada a eles, a mulher tímida com cachorro se sente com sorte. Talvez, ela sugere, ela também pudesse levar um deles para passear. Talvez ele pudesse brincar com o cachorro. Talvez ele pudesse ver a luz do sol e ouvir a cidade. Mas ela teria que obter permissão primeiro. O jovem médico poderia ajudá-la? Ele é mesmo o certo para perguntar? Ela não saberia. As pessoas que olham baixo a fim de olharem para ela são todas iguais em sua mente.

Ele mal sabe o que dizer ou fazer, mas promete ajudar se puder. Acontece que ele não pode. Ela agradece simplesmente e segue seu caminho, e ele segue seu. Mas onde quer que ele vá, ela o segue. Ele a registra em seu primeiro livro[240]. Ele incorpora a história dela em suas palestras na universidade. Ele conta essa história para pequenas salas de aula de estudantes de Harvard. Ele a conta novamente para estudantes da Universidade de Toronto. Ele a conta em podcasts. Ele a conta em painéis de discussão, quando o biólogo evolucionista sugere que, certamente, em casos de inteligência muito baixa, a sabedoria "não

240 Peterson, Jordan B. *Maps of Meaning*, 461-62.

consegue emergir"[241]. Ele a conta para uma multidão que aplaude no Beacon Theatre, em Nova York. Ele balança a cabeça, agora grisalha: "Nunca a esqueci. Nunca vou esquecê-la"[242].

Mesmo agora, podemos fechar os olhos e ver o quadro na nossa mente: a mulher, o cão e o médico. Se ouvirmos com atenção, talvez possamos ouvir uma voz sussurrando no ouvido do médico, convidando-o a olhar para baixo, como Thon Taddeo convida o monsenhor a olhar para baixo. "Olhe para ela", convida. "Olhe para a mulher que não consegue olhar para você. O que você *vê*?". Talvez, das profundezas que nenhum homem pode medir, possamos ouvir a alma do médico responder: "A imagem de Cristo. O que você esperava que eu visse?".

---

241 Pageau, Jonathan. "Q & A with Jordan Peterson, Bret Weinstein & Jonathan Pageau | SFL Regional Conference, Vancouver", vídeo do YouTube, 1:23:05, 9 de novembro de 2017, https://www.youtube.com/watch?v=0cLLFSdKZLI&, 41:16–45:57.

242 School of Peterson, "Jordan Peterson | In-Depth Talk on '12 Rules for Life' (FULL) ~ Beacon Theatre (2018)", vídeo do YouTube, 2:00:58, 3 de abril de 2018, https:// www.youtube.com/watch?v=Vs4ZWhfxQuw, 53:30–59:00.

CAPÍTULO 8

Professor Peterson, Professor Peterson: Qual a sua opinião sobre... Ciência e Religião?

Esgrid Sikahall

Houve um tempo em que não havia Jordan Peterson... ou assim dizem as lendas. Nos últimos anos, ele cativou as mentes e os corações de muitos; ao mesmo tempo, ele tem sido malcompreendido mais continuamente do que provavelmente qualquer intelectual público. A mídia quer frases de efeito dele, ou, talvez, até mesmo uma lista de verificação das opiniões corretas, e todos querem saber uma coisa: ele é um dos mocinhos ou um dos bandidos? Posso reivindicá-lo como um de *nós* ou ele é um *deles*? Por suas opiniões, especialmente sobre os temas inflamados da atualidade, ele é tanto elogiado quanto demonizado. Você é pressionado a amá-lo ou odiá-lo, então, qual vai ser?

Se quisermos ultrapassar os *snapshots* [fotografias informais] ou as caricaturas de baixa resolução que promovem apenas o pensamento tribal, primeiro precisamos ouvir, prestar atenção e estar abertos ao que está sendo dito. Se o que é dito é verdade, por que não ouvir? Se for mentira, por que não ouvir com ainda mais atenção? O objetivo deste ensaio é conversar com Peterson sobre uma das questões mais prementes da atualidade: como deveríamos pensar sobre ciência e religião?

CIÊNCIA E RELIGIÃO

O campo da ciência e da religião, especialmente no mundo anglófono, que tende a dominar as discussões, foi fortemente moldado por Ian G. Barbour (1923-2013)[243]. Depois do seu icônico *Issues in Science and Religion* ["Questões em Ciência e Religião", em tradução livre] (1966), o campo discutiu questões que Barbour levantou implicitamente ou explicitamente, e outros acadêmicos da área que foram seus contemporâneos também deram o tom para as discussões (por exemplo, o físico-teólogo John Polkinghorne [1930-2021] e o bioquímico-teólogo Arthur Peacocke [1924-2006])[244]. A tendência de especialização e profissionalização da modernidade se transformou em fragmentação, e o campo, em certo sentido, reflete uma tentativa de reunir novamente algo que em princípio emana de uma única busca por conhecimento e compreensão. O campo é a voz de um fragmento que tenta retornar ao seu devido lugar num todo que continua a questionar-se sobre a sua existência.

O estudo da ciência e da religião tem fronteiras porosas pela sua própria natureza, por isso muitos estudiosos participam em questões relativas à ciência e à religião a partir dos seus próprios campos disciplinares, como história, filosofia, teologia, biologia e física. Da mesma forma, Jordan Peterson, como psicólogo, tenta abranger praticamente todos os domínios que são relevantes para as suas questões. Embora aqui eu interaja principalmente com historiadores que trabalharam na questão da ciência e da religião, eles não são de forma alguma os únicos que contribuíram para o campo[245].

---

243 Russell, Robert John (ed.). *Fifty Years in Science and Religion: Ian G. Barbour and His Legacy*. Aldershot: Ashgate, 2004.

244 Isso não quer dizer que as discussões sobre ciência e religião tal como as consideramos agora não existissem antes delas (por exemplo, os trabalhos de Sir Arthur Eddington, C. A. Coulson, Pierre Teilhard de Chardin, Pierre Duhem, Mary B. Hesse).

245 É claro que não posso listar nem mesmo os colaboradores mais importantes, mas vêm à mente os seguintes: Willem B. Drees (ex-editor do *Zygon: Journal of Religion & Science* e professor de filosofia das humanidades, Universidade de Tilburg), Elaine Howard Ecklund (cátedra Herbert S. Autrey de ciências

Este capítulo irá interagir com a caracterização da ciência e da religião feita por Peterson, começando com um relato histórico do que tem sido chamado de "mito do conflito" entre ciência e religião. Uma das tramas orientadoras desse falso mito é um sentimento de superioridade moral, o triunfo do bem sobre o mal (ou seja, da ciência sobre a religião). É nesse domínio – o domínio da nossa orientação moral – que entramos no território daquilo que, segundo Peterson, é a nossa orientação *religiosa* primordial: um apelo à ação baseado no *significado*. O capítulo explora ainda um movimento além das categorias de ciência e religião em direção à compreensão de nós mesmos como criaturas de *adoração* inata. Sugiro que possamos começar a perceber que somos adoradores, prestando atenção à nossa própria experiência, entendida como comunicação participativa.

A IDEIA QUE NÃO MORRE: A GUERRA ENTRE CIÊNCIA E RELIGIÃO

A "guerra" entre a ciência e a religião tem sido chamada pelos historiadores de "mito do conflito", de "tese da guerra", de "tese do conflito" ou de "mito da guerra"[246]. Aqui, "mito" implica uma crença amplamente difundida que é equivocada, mas a palavra é adequada

---

sociais e professora de sociologia na Rice University), Alister McGrath (professor Andreas Idreos de ciência e religião na Universidade de Oxford), Robert John Russell (professor Ian G. Barbour de teologia e ciência na Universidade de Oxford e da Graduate Theological Union, Berkeley), Paul Davies (professor de regentes, Arizona State University), Philip Hefner (professor emérito de teologia sistemática, Escola Luterana de Teologia de Chicago), Keith Ward (professor regius emérito de divindade, Universidade de Oxford), Michael Ruse (professor e diretor do Programa de História da Filosofia da Ciência, Florida State University) e Nancey Murphy (professora sênior de filosofia cristã no Fuller Theological Seminary). Entre os historiadores, poderia citar Peter Harrison (diretor do Instituto de Estudos Avançados em Humanidades, Universidade de Queensland), John Hedley Brooke (ex-professor Andreas Idreos de ciência e religião, Universidade de Oxford), Ronald L. Numbers (professor emérito Hilldale de história da ciência e medicina, Universidade de Wisconsin-Madison), Jon H. Roberts (professor da Tomorrow Foundation de História Intelectual Americana, Universidade de Boston) e David C. Lindberg (professor Hilldale de história da ciência, Universidade de Wisconsin-Madison). Esse é apenas um vislumbre do calibre dos estudiosos que contribuíram significativamente para o campo da ciência e da religião.

246 O título desta seção ecoa Jeff Hardin, Ronald L. Numbers e Ronald A. Binzley (eds.). *The Warfare Between Science and Religion: The Idea That Wouldn't Die*. Baltimore: Johns Hopkins University Press, 2018.

num outro sentido porque a tese do conflito é uma narrativa mestra orientadora para abordar a realidade. Muito parecido com o mito da secularização – que nos conta como a história se move, nos termos de Auguste Comte (1798-1857), de um estágio teológico para um estágio científico positivo – o mito do conflito é uma narrativa que articula como, desde tempos imemoriais, tem havido uma batalha entre o mito e a razão, entre religião e ciência[247]. Um dos problemas com as articulações dessa tese de conflito, geralmente resumido por uma referência à *History of the Conflict between Religion and Science* ["História do Conflito entre Religião e Ciência", em tradução livre] (1874), de John William Draper (1811-1882), e à *History of the Warfare of Science with Theology in Christendom* ["História da Guerra da Ciência com a Teologia na Cristandade", em tradução livre] (1896), de Andrew Dickson White (1832-1918)[248], é que eles são profundamente anacrônicos e historicamente informados com erros. O próprio significado do que é real e do que é concebível é socialmente condicionado; portanto, a alfabetização histórica é fundamental para compreender a realidade que os mitos mapeiam, se é que o fazem[249]. Aqui, os historiadores que lidam com questões ou confusões contemporâneas sobre ciência e religião trouxeram uma luz substancial. Abaixo mencionarei trabalhos específicos e exemplos particulares que mostram quão mal-informados estamos na nossa compreensão pública dessas questões. Ao fazer isso, espero que possamos deixar de humilhar uns aos outros, parar

---

247 Mesmo no desenvolvimento do pensamento grego, a narrativa "do mito à razão" não é incontestada: ver Richard Buxton, ed., From Myth To Reason? Studies in the Development of Greek Thought. Oxford, Oxford University Press, 2001.

248 Roberts, Jon H. "*The Idea That Wouldn't Die*": *The Warfare between Science and Christianity*, *Historically Speaking 4*, no. 3, 2003, 21-24.

249 Ver *Science vs. Religion: What Scientists Really Think*, de Elain Howard Ecklund (Oxford: Oxford University Press, 2010), cap. 9, e seu volume em coautoria com Christopher P. Schietle, *Religion vs. Science: What Religious People Really Think* (Oxford: Oxford University Press, 2018), cap. 8. O volume editado por Jeff Hardin et al., *The Warfare Between Science & Religion* mencionado na nota anterior inclui capítulos sobre o que a tese do conflito significava para diferentes comunidades religiosas (por exemplo, protestantes, católicos, muçulmanos, judeus) e o que ela significa para os cientistas hoje.

de informar com erros o público e iniciar uma conversa informada, honesta e produtiva.

Um clássico na área é *Science and Religion: Some Historical Perspectives* ["*Ciência e Religião: Algumas Perspectivas Históricas*", em tradução livre] (1991), de John Hedley Brooke, no qual Brooke reconhece que o *Issues* ["*Questões*", em tradução livre] de Barbour ainda é um "dos tratamentos mais enciclopédicos"[250]. Em *The Territories of Science and Religion* ["*Os Territórios da Ciência e da Religião*", em tradução livre] (2015), Peter Harrison explora a própria construção das categorias "ciência" e "religião". Harrison argumenta que projetar no passado a ciência e a religião tal como as entendemos agora, na esteira da modernidade, obscurece o fato de que essas categorias simplesmente não existiam até então, tal como as imaginamos agora. Ao revelar a formação das categorias, Harrison mostra por que mesmo falar sobre ciência e religião, a relação entre elas, ou qualquer tipo de discurso que implicitamente assuma que são entidades imutáveis ou "tipos naturais", como ele as chama, erra o alvo. Quer falemos de conflito ou de consonância, o fato de utilizarmos termos sobre qualquer tipo de relacionamento já pressupõe as suas realidades essenciais:

> A ciência e a religião não são espécies naturais; não são nem propensões universais dos seres humanos nem características necessárias das sociedades humanas. Pelo contrário, são formas de conceitualizar certas atividades humanas – formas que são peculiares à cultura ocidental moderna e que surgiram como consequência de circunstâncias históricas únicas. Assim, embora esta análise histórica possa não fazer com que o conflito entre ciência e religião desapareça, deve ficar claro por que ele surgiu neste momento e lugar específicos[251].

---

250 Brooke, John Hedley. *Science and Religion: Some Historical Perspectives*. Cambridge: Cambridge University Press, 2014, 476.

251 Harrison, Peter. *The Territories of Science and Religion*. Chicago: University of Chicago Press, 2015, 194-95.

A sua conclusão é reveladora, embora nos apresente o desafio do que fazer se a ciência e a religião não forem espécies naturais. Falarei sobre isso na seção final do capítulo.

O volume editado de Ronald Numbers (1942-2023), *Galileo Goes to Jail and Other Myths about Science and Religion* ["Galileu na Prisão e Outros Mitos sobre Ciência e Religião", em tradução livre] (2009), inclui uma coleção de mitos que vão desde os cristãos medievais que pensavam que a Terra era plana ("não há praticamente nenhuma evidência histórica para apoiar o mito de um apartamento medieval terra")[252], à noção de que Galileu (1564-1642) foi preso e torturado por sua promoção do copernicanismo (ele estava em prisão domiciliar e nunca foi torturado)[253], à ideia de que Darwin destruiu a teologia natural[254], e à suposição de que a ciência moderna secularizou o Ocidente[255]. O objetivo do livro é matizar, esclarecer e enriquecer a nossa compreensão da história. Esses mitos transmitem *alguma* verdade, mas no seu conjunto assemelham-se a uma mentira bem elaborada: contam uma história errada e simplificam de modo demasiado a complexidade do desenrolar da história.

Um trabalho semelhante, de continuação, *Newton's Apple and Other Myths about Science* ["A Maçã de Newton e Outros Mitos sobre a Ciência", em tradução livre] (2015), que Numbers editou com Kostas Kampourakis, inclui mitos da ciência medieval e do início da

---

252 Cormack, Lesley B. "That Medieval Christians Taught That the Earth Was Flat", in *Galileo Goes to Jail and Other Myths about Science and Religion*, ed. Ronald L. Numbers. Cambridge: MA, Harvard University Press, 2009, 34.

253 Finocchiaro, Maurice A. "That Galileo Was Imprisoned and Tortured for Advocating Copernicanism", in Numbers, *Galileo Goes to Jail*, 78.

254 Brooke, John Hedley. "That Darwin Destroyed Natural Theology", in Numbers, *Galileo Goes to Jail*, 161-69. "A teoria de Darwin foi claramente instrumental para convencer os teólogos naturais de que seria aconselhável alterar o tipo de argumentos que empregavam para fazer inferências a respeito de a natureza sobre o Deus da natureza. Parece ter desempenhado um papel insignificante, no entanto, na explicação da mudança de status da própria teologia natural" (168-69).

255 Brooke, John Hedley. "That Modern Science Has Secularized Western Culture", in Numbers, *Galileo Goes to Jail*, 224-32.

modernidade até o século XX[256]. Em sua contribuição para o volume, Peter Harrison mostra como o mito de que a religião tem tipicamente impedido o progresso da ciência tem muito pouca substância histórica. De acordo com esse mito, argumenta Harrison, "estes dois empreendimentos [ciência e religião] são polos opostos que competem para ocupar o mesmo território explicativo"[257]. Ele destaca como eventos históricos que parecem cruciais para a subsistência do mito do conflito – como a condenação de Galileu, em 1633; a publicação de *Origem das Espécies* por Darwin, em 1859; e também episódios menos conhecidos como a excomunhão de um cometa pelo papa Calisto III (1378-1458), em 1475[258]; e a crença medieval em uma Terra plana – ou são interpretados para se adequarem à narrativa ou estão simplesmente errados de um ponto de vista histórico, como é o caso da Terra plana e da excomunhão do cometa. Galileu, claro, foi condenado por ensinar pontos de vista copernicanos, mas também foi apoiado pela Igreja *internamente* e desafiado pelo *establishment* científico. Como já mencionado, ele não foi torturado ou preso. Harrison argumenta: "Embora os fatos da condenação de Galileu não estejam em disputa, é altamente questionável que fossem típicos de uma atitude católica em relação à ciência, ou que o episódio fosse principalmente sobre 'ciência versus religião'"[259]. Na verdade, naquela altura "a Igreja era a principal patrocinadora da investigação astronômica"[260]. Darwin teve uma recepção semelhante. Pessoas religiosas apoiaram-no e resistiram-lhe, e as suas opiniões foram apoiadas e contestadas em bases científicas.

---

256 Numbers, Ronald L. e Kampourakis, Kostas (eds.). *Newton's Apple and Other Myths About Science*. Cambridge, MA: Harvard University Press, 2015.

257 Harrison, Peter. "That Religion Has Typically Impeded the Progress of Science" in Numbers and Kampourakis, *Newton's Apple*, 195.

258 O evento ocorreu em 1456, mas o relato sobre o suposto evento apareceu apenas em 1475. https://en.wikipedia.org/wiki/Pope_Callixtus_III. (N. T.)

259 Harrison, Peter. "That Religion Has Typically Impeded", 197.

260 Harrison, Peter. "That Religion Has Typically Impeded", 197.

A questão, então, é: por que o mito do conflito persiste? Depois de mencionar brevemente os sentimentos contemporâneos de antievolucionismo por parte do criacionismo científico, Harrison termina o seu capítulo com uma imagem da nossa situação atual:

> O conflito entre ciência e religião é, portanto, mais do que uma descrição abstrata de um passado distante: tornou-se o mito fundador de uma cruzada para garantir um futuro secular ameaçado... Seu apelo irresistível reside nas várias tramas que colocam o gênio solitário contra os homens sem rosto ou expõem as aparentes idiotices de instituições inflexíveis. Em última análise, sugere o triunfo da razão sobre a superstição, do bem sobre o mal. Este é um mito reconfortante e agradável que também nos assegura a nossa superioridade cultural e intelectual. Apesar das provas contra ele, embora continue a cumprir essas funções, é difícil vê-lo desaparecer tão cedo[261].

O diagnóstico de Harrison sobre a existência de uma narrativa orientadora que nos leva ao triunfo do bem sobre o mal articula uma profunda realidade humana, algo que é indiscutivelmente mais parecido com um "tipo natural": a nossa orientação *moral* inata que nos faz perguntar como devemos agir, isso nos faz clamar aos céus: "o que devo fazer?".

Este é um bom ponto para interagir com a forma como Jordan Peterson aborda a questão da ciência e da religião.

CIÊNCIA E RELIGIÃO DE JORDAN PETERSON

Começarei com as observações de Peterson sobre a nossa natureza moral intrínseca. Por nossa natureza moral intrínseca refiro-me à nossa incapacidade humana de ignorar o chamado para *estar* no mundo. Qualquer que seja a nossa opinião sobre a ideia de moralidade

261 Harrison, Peter. "That Religion Has Typically Impeded", 201.

– mesmo que, como alguém uma vez me disse num cemitério depois de enterrar um parente distante, "eu não acredito em moralidade" – a nossa necessidade de responder ao mundo é o início do nosso sentido moral. Em *Mapas do Significado* vemos de onde vem Peterson:

> O mundo pode ser validamente interpretado como fórum de ação ou como lugar de coisas.
>
> A primeira forma de interpretação – mais primordial e menos claramente compreendida – encontra a sua expressão nas artes ou nas humanidades, no ritual, no drama, na literatura e na mitologia. O mundo como fórum de ação é um lugar de valor, um lugar onde todas as coisas têm significado. Esse significado, que é moldado como consequência da interação social, é uma implicação para a ação, ou – num nível mais elevado de análise – uma implicação para a configuração do esquema interpretativo que produz ou orienta a ação.
>
> A segunda forma de interpretação – o mundo como lugar das coisas – encontra a sua expressão formal nos métodos e teorias da ciência. A ciência permite a determinação cada vez mais precisa das propriedades consensualmente validáveis das coisas e a utilização eficiente de coisas precisamente determinadas como ferramentas (uma vez determinada a direção que tal utilização deve tomar, por meio da aplicação de processos narrativos mais fundamentais).
>
> Nenhuma imagem completa do mundo pode ser gerada sem o uso de ambos os modos de interpretação. O fato de um modo estar geralmente em desacordo com o outro significa apenas que a natureza dos seus respectivos domínios permanece insuficientemente discriminada[262].

Ao iniciarmos uma conversa com a sua perspectiva sobre o que é religioso e o que é científico, é útil recordar como Peterson entende a construção do mundo como um "fórum de ação". De acordo com

262 Peterson, Jordan B. *Maps of Meaning*, 1.

Peterson, o que é religioso é "aquilo que você coloca em prática"[263]. Essa abreviação conecta o *significado*, um dos aspectos mais importantes, se não *o* mais, do seu pensamento (talvez juntamente com a responsabilidade), com aquilo que nos permite mediar o nosso estar-no-mundo com nosso conhecimento do mundo. "Tudo *é* alguma coisa e *significa* alguma coisa – e a distinção entre essência e significado não é necessariamente estabelecida", para usar as palavras de Peterson[264].

A nossa natureza religiosa nos permite perceber o significado; portanto, somos *todos* religiosos na medida em que somos atores no mundo. A ideia de sermos atores no mundo está intrinsecamente ligada e baseada no que é significativo, e o que é significativo é baseado numa hierarquia de valor, na possibilidade de valorizar algo para que possamos avançar em direção a ele. Ao estarmos no mundo, vivendo num fórum de ação, *colocamos em prática* a nossa religião precisamente porque representamos aquilo que acreditamos ser de valor. Esse algo que representamos é o que Peterson explora em profundidade; ele quer compreender mais claramente o que significa interpretar o mundo como um fórum de ação, o que significa para nós sermos religiosos e sermos criaturas que vivem para o significado, para "o que importa"[265].

Ao responder a uma pergunta sobre a alma, em março de 2019, ele articulou sucintamente como é que a nossa *ética* individual e, portanto, as nossas *intuições morais* estão inseridas numa hierarquia que deveria ter um pináculo adequado na estrutura de valores: a ideia do

263 The Mill Series, "Jordan Peterson @ Lafayette, A Conversation and Q&A, Full Event", vídeo do YouTube, 2:47:35, 10 de abril de 2018, https://youtu.be/qT_YSPxxFJk, 1:50:15–1:54:33.

264 Peterson, *Maps of Meaning*, 2.

265 Peterson, Jordan B. "What Matters", vídeo do YouTube, 12h59, 30 de março de 2013, https://youtu.be/A5216ZJVbVs, 0,00–0,33. Peterson diz: "Não sou mais um ateu porque não vejo mais o mundo dessa forma. Não sou mais um materialista. Não creio que o mundo seja feito de matéria; eu acho que ele é feito daquilo que importa. É feito de significado… Aquilo para o qual nos orientamos inconscientemente, ou seja, o que significa que chama a nossa atenção, é o significado, e isso captura a nossa atenção antes de sabermos o que é. O cérebro age como se o mundo fosse feito de informação ou de significado".

Logos[266]. Para Peterson, no entanto, a nossa moralidade tem estado historicamente contida não num conjunto de declarações, numa lista de fatos proposicionais, mas nos mitos que guiaram as civilizações humanas no passado e que ainda o fazem agora, mesmo que inadvertidamente. Os mitos religiosos, e no Ocidente as histórias bíblicas em particular, são os meios pelos quais as nossas intuições morais foram cultivadas e instanciadas na realidade, de maneiras que são irredutíveis *apenas* a declarações proposicionais ("pelos seus frutos os conhecereis", Mateus 7,20).

Em última análise, não existe uma regra que nos diga como aplicar todas as regras, nem uma fórmula que nos diga como aplicar a fórmula. É sempre algo pessoal, mas isso não significa que não possamos ter orientações bastante firmes: tirar uma vida é geralmente errado, viver é geralmente preferível a morrer, e assim por diante. Isso também não implica uma concepção relativista da moralidade, mas apenas que a natureza absoluta do que é bom é de tal profundidade que capturá-la envolve prestar atenção à especificidade de todas as situações, a fim de descobrir como seria no contexto particular – nós e nossa situação específica. Na medida em que essa é uma questão pessoal, é claramente também comunitária, pois somos seres socioculturais. Isso significa que a melhor maneira de articular ou colocar em prática os nossos valores fundamentais é *participar numa narrativa viva específica*. Peterson vê as narrativas religiosas como o meio pelo qual aprendemos como desempenhar o nosso papel no mundo, de preferência em direção ao bem. As histórias religiosas são, segundo Peterson, a forma como codificamos a nossa ética e, portanto, são inesgotavelmente importantes para a renovação da nossa cultura por meio da ação do indivíduo.

266 Peterson, Jordan B. "March 2019 Q and A", vídeo do YouTube, 1:41:08, 18 de março de 2019, https://youtu.be/CfQZcpaBqo4, 55:34–1:07:01.

É também importante notar que existe uma relação assimétrica entre os dois modos de interpretação, entre "um fórum de ação" e "um lugar de coisas". Peterson dá a entender isso quando diz que ver o mundo como um fórum de ação é "mais primordial" e "menos claramente compreendido", e também quando destaca que a forma como usamos as ferramentas que a ciência nos permite construir é *determinada* "por meio da aplicação de *processos narrativos* mais *fundamentais*". A ideia de que estar no mundo como atores, como num drama, é mais primordial e *precede* pensar o mundo como um lugar de coisas.

> A mente "natural", pré-experimental ou mítica está, de fato, *prioritariamente* preocupada com o significado – que é essencialmente uma implicação para a ação –, e não com a natureza "objetiva". O objeto formal, tal como conceituado pela consciência moderna cientificamente orientada, pode parecer para aqueles que ainda estão possuídos pela imaginação mítica – se é que conseguem "vê-la" – como uma casca irrelevante, como tudo o que restou depois de tudo o que é intrinsecamente intrigante foi eliminado. Para o pré-experimentalista, a coisa é mais verdadeiramente o significado das suas propriedades sensoriais, tal como são experimentadas na experiência subjetiva – no afeto ou na emoção. E, na verdade – na vida real – saber o que algo é ainda significa saber duas coisas sobre ele: a sua *relevância motivacional* e a natureza específica das suas qualidades sensoriais. [...] Algo deve ter um impacto emocional antes de atrair atenção suficiente para ser explorado e mapeado de acordo com suas propriedades sensoriais. [...] Precisamos saber o que as coisas são, não para saber o que são, mas para *manter-se a par do que elas significam* – para compreender o que significam para o nosso comportamento[267].

Em outras palavras, acrescenta Peterson, "poderia ser sugerido que todo o mito ainda não desapareceu da ciência, devotada como é ao progresso humano, e que é esse resíduo não trivial que permite ao

---

267 Peterson, Jordan B. *Maps of Meaning*, 3.

cientista manter o entusiasmo inabalável enquanto estuda incessantemente seu moscas-da-fruta"[268]. A separação artificial entre o que é real e o que é relevante tem sido um profundo avanço intelectual. No entanto, juntamente com a crença de que o que é real não *inclui* relevância e, na verdade, *nega* completamente o afeto, esse avanço também trouxe uma perda profunda, provavelmente mais profunda do que o claro ganho intelectual, pois cegou-nos para o óbvio. Deu-nos, por assim dizer, a possibilidade de uma existência semelhante à morte: viver num lugar onde o real é totalmente irrelevante.

DIGA-ME QUEM VOCÊ ADORA E EU LHE DIREI QUEM VOCÊ É: SIGNIFICADO SEM "CIÊNCIA" E "RELIGIÃO"

Um aspecto útil do estudo da história da exploração humana da natureza ("ciência") e do que hoje pensamos em termos de "religião" é a compreensão de que *se* a ciência e a religião fossem coisas definidas, *por princípio*, elas não se chocariam uma com a outra. Além disso, o que parece ser o problema, como foi brevemente apontado acima, é, em vez disso, o catalisador para um julgamento entre o bem e o mal, o que Peterson chamaria de nossa motivação *religiosa* promulgada por meio de uma narrativa orientadora específica. Isso permite-nos especular que não é útil caracterizar a religião de uma forma que entre em conflito com qualquer coisa (incluindo qualquer que seja a ciência), porque o problema parece ser aquilo que tem valor último e a tendência inevitável de avançar em direção a ele. O que *é* útil, porém, é compreender que *independentemente* do que seja mais valioso para nós, mesmo que não consigamos articular o que é, gerará em nós um conflito com *qualquer coisa* que pareça *minar* esse valor. Em outras palavras, o que é realmente útil é identificar e explorar mais profundamente esse sentimento que todos partilhamos, talvez melhor

---

268 Peterson, Jordan B. *Maps of Meaning*, 3.

caracterizado como a inevitabilidade de *adorar* algo, porque aquilo que adoramos determinará a natureza do nosso comportamento e a natureza do conflito potencial com tudo o que for contrário a ele.

Essa observação, autorizada pelas complexidades históricas vistas acima e também motivada pelas observações de Peterson sobre a nossa orientação primordial para a ação baseada no que é significativo, permite-nos ver como é que *em todo o lado* está maduro para a adoração. O que consideramos religião não é adequado para abranger o fenômeno generalizado que tentamos descrever aqui. A religião não está necessariamente relacionada apenas com o que consideramos coisas ou práticas religiosas, tais como participar de um rito em um templo, realizar práticas para obter certos bens ou seguir certos códigos de conduta baseados em um determinado conjunto de crenças ou mesmo em ideias do sobrenatural. É tão facilmente identificada com algo como o amor infalível pelo FC Barcelona ou pelo Liverpool FC e a experiência inefável (absolutamente religiosa) de viver e morrer juntos, por meio de canções, comida e lágrimas, num jogo contra os seus rivais de tempos imemoriais (Real Madrid ou Manchester United). Outra experiência religiosa gloriosa poderia ser assistir Roger Federer se movimentar em uma quadra de Wimbledon[269].

É por isso que o conceito de "religião" é inadequado. Essa tendência para a adoração é o que é primário e está sempre presente, especialmente em qualquer conflito entre duas estruturas diferentes de valor promulgadas por outra, mas igualmente aplicável a *nós mesmos* e à nossa questão existencial quando confrontados com fontes de valor *conflitantes*. Essa tendência se manifesta ou tem potencial para se manifestar em todos os lugares e em qualquer coisa que seja capaz de nos chamar a uma mudança de comportamento. Portanto, faria pouco sentido pensar na ciência em conflito com a religião neste contexto, e de fato poderíamos ver como certas posturas ou crenças *sobre* o poder

---

269 Como David Foster Wallace argumentou com eloquência em "Roger Federer as Religious Experience", New York Times, 20 de agosto de 2006, https://nyti.ms/2k1lxH6.

da ciência (ou de *qualquer* fonte de autoridade) poderiam certamente ser melhor compreendidas se analisarmos os objetos de culto dentro de uma determinada fonte de autoridade. Nesse sentido, poderíamos falar de uma ciência religiosa (ou de ateísmo religioso, de futebol religioso, etc.) de uma forma legítima e até significativa[270]. Estamos *adorando* criaturas, e é por isso que há casos de conflito entre o que poderia ser pensado como "religião" versus "ciência". Em vez de pensar em termos de ciência versus religião, estaremos melhor situados para perceber o que está acontecendo se quisermos compreender os seres que estão sendo adorados. Os seres que *adoramos* são aquilo que tem significado para nós e, a menos que haja algo mais real, mais verdadeiro, mais bonito ou qualitativamente melhor que possamos e estejamos dispostos a experimentar, lutaremos por aquilo que é valioso para nós – com todo o nosso fervor científico e religioso. O erro de postular qualquer tipo de relação entre ciência e religião é ignorar que qualquer que seja a atividade humana que elas representam, nenhuma é tão fundamental, de tipo natural, como a nossa necessidade de adorar algo que sentimos que nos transcende (mesmo que pensemos que nós mesmos somos isso). Tudo o que adoramos determina fundamentalmente a nossa moralidade e o nosso encontro com o mundo.

FONTES DE SIGNIFICADO: UMA REABILITAÇÃO DA EXPERIÊNCIA COMO COMUNICAÇÃO PARTICIPATIVA

O que, então, devemos fazer com as categorias "ciência" e "religião" à luz da descrição do mundo feita por Jordan Peterson principalmente como um fórum de ação, e considerando que o uso dessas categorias já pareceria carregar o mito do conflito em nossa

270 É por isso que os debates entre criacionistas, proponentes do design inteligente (diferentes dos criacionistas) e neodarwinistas totalmente comprometidos podem ser conceitualizados como debates religiosos sobre a ciência. Não é que o seu conteúdo seja religioso, mas que as motivações dizem respeito a objetos últimos de adoração.

consciência? Não há espaço aqui para nos aventurarmos numa alternativa sólida, mas destacarei o que me parece ser uma pista para um caminho significativo, concentrando-me nas ideias de *significado* e *experiência*.

Dada a nossa natureza de adoração, uma forma de mudar a conversa sobre ciência e religião para falar sobre o que motiva qualquer categorização das nossas atividades (incluindo as atividades que associamos à ciência e à religião) é recuperar a importância da nossa experiência comum. Como salientou Peterson, removemos quase inteiramente o invólucro afetivo da realidade para analisar o que resta de uma forma empírica. Ao fazê-lo, porém, esquecemos que havia um invólucro e que o invólucro é *mais* importante do que o que foi desembrulhado. É a nossa experiência que mantém unido o que nunca foi separado – isto é, o que as coisas significam para nós, a relevância essencial da vida. A experiência também é o que nos permite estar abertos para nos vermos como seres adoradores. Sem levar a sério a nossa experiência, temos chances limitadas de perceber que somos adoradores por natureza. Ao "levar a nossa experiência a sério", não me refiro a um subjetivismo radical ou sentimento puro e individualismo extremo. Levar a experiência a sério significa vê-la como a integração da nossa participação *no* e com *o* mundo – incluindo os nossos pensamentos, os nossos sentimentos, o nosso corpo, as nossas relações uns com os outros, o nosso espaço físico de habitação, a nossa temporalidade, a nossa finitude e a nossa fragilidade.

Reabilitar a importância, ou pode-se até chamar a *sacralidade*, da nossa experiência poderia ser visto como nos compreender enquanto participantes contínuos na comunicação com o outro: com a natureza no seu sentido mais amplo possível. A comunicação é sempre participativa em algum nível, mas aqui eu enfatizo a participação porque agora a comunicação se tornou tão desligada da nossa essência profundamente pessoal que há necessidade de sublinhar o fato de que somos atores ativos na nossa realidade e que, em todos os momentos, estamos sendo abordados de forma significativa por nossa *realidade*. É tentador na nossa cultura contemporânea presumir que somos nós mesmos que nos fazemos e que somos tudo o que sentimos que somos. Mas isso não pode ignorar o fato de que, como criaturas adoradoras, estamos, por assim dizer, à mercê de tudo o que nos dirige como um ser potencial de adoração.

Pensar na nossa experiência pessoal como comunicação participativa é, penso eu, uma pequena rotação em direção a algo que parece distante. Mas embora possamos rodar apenas alguns graus, a sutil rotação é profundamente significativa quanto maior for a distância que percorremos. Uma pequena correção na origem pode ter um significado tremendo na mudança do nosso objetivo, assim como um pequeno movimento do arqueiro pode significar acertar o alvo ou errá-lo completamente. Esperemos estar abertos para ver como é que *todos* nós estamos sendo abordados pelo outro e, ao fazê-lo, abrimo-nos à possibilidade de encontrar aquilo que realmente nos transforma em nossa verdade, aquilo que, se adorado, nos transforma em sua Verdade.

CAPÍTULO 9

Uma Leitura Kierkegaardiana de Jordan Peterson

Stephen M. Dunning

Em 28 de outubro de 2017, o *The Province* publicou um artigo de opinião intitulado "David Millard Haskell: Fight Against Modern Cultural Marxists Evokes Martin Luther's '95 Theses.'" ["David Millard Haskell: A luta contra os Marxistas Culturais Modernos Evoca as '95 teses' de Martinho Lutero", em tradução livre]. Nele, Haskell compara a luta de hoje com os marxistas culturais, que agora dominam grande parte da academia, ao protesto de Lutero (1483-1546) contra – e ao rompimento final com – o sistema religioso cerca de quinhentos anos antes. E embora ele mencione vários *YouTubers* canadenses bastante proeminentes que lideram a luta, ele destaca Jordan Peterson: "Embora minha comparação do Canadá hoje com a Europa, às vésperas da Reforma, tenha algum mérito *prima facie*, para que minha alusão ressoe verdadeiramente, ela requer uma figura pública canadense que cumpra o papel de Lutero. Na minha opinião, o professor Jordan Peterson, da Universidade de Toronto, é o que melhor se enquadra nesse perfil"[271]. Ele então passa a notar semelhanças entre a ascensão de Peterson e Lutero à proeminência

271 Haskell, David Millard. "David Millard Haskell: Fight Against Modern Cultural Marxists Evokes Martin Luther's '95 Theses'", The Province, 28 de outubro de 2017, https: / / theprovince.com / opinion / op-ed / david-millard-haskell-fight-against-modern-cultural-marxists-evokes-martin-luthers-95-theses.

e aponta que, assim como a invenção da imprensa naquela época permitiu que Lutero disseminasse suas ideias heterodoxas, o *YouTube*, junto com outras mídias sociais, também permitiu que Peterson e outros contornassem a grande mídia e atingissem um público massivo.

Quando li pela primeira vez o artigo de Haskell, eu conhecia Peterson há apenas alguns meses. Naqueles meses, assisti a dezenas de seus vídeos, começando com aqueles relativos ao Projeto de Lei C-16, mas expandindo para incluir uma amostra mais ampla de suas palestras e discursos públicos. Contudo, mesmo essa exposição limitada às suas ideias permitiu-me reconhecer a credibilidade essencial da afirmação de Haskell de que Peterson estava envolvido numa luta com uma ideologia profundamente enraizada (embora, talvez, não profundamente elaborada); algo que, como argumenta o psicólogo social Jonathan Haidt (1963-) em *A Mente Moralista*, impõe algo que se aproxima da devoção religiosa[272]. Mas embora a analogia religiosa de Haskell ecoasse em mim, também pensei que ele não conseguiu identificar o reformador religioso com quem Peterson mais se assemelha: Søren Kierkegaard (1813-1855).

Nesse ponto, eu não sabia que Peterson aparentemente havia lido bastante Kierkegaard, dado palestras sobre ele e o citado com aprovação, mais recentemente em seu *12 Regras para a Vida*. Outros também notaram a conexão entre Peterson e Kierkegaard, e, pelo menos, um tentou usar o fideísmo radical de Kierkegaard para corrigir o que ele erroneamente interpreta como a abordagem excessivamente racional de Peterson à teologia[273]. Proponho fazer algo diferente: empregar Kierkegaard para descrever as preocupações predominantemente psicoterapêuticas – e não políticas – de Peterson, e depois tentar articular as convicções religiosas de Peterson, colocando-as no quadro dos estágios existenciais de Kierkegaard.

---

272 Haidt, Jonathan. *The Righteous Mind: Why Good People Are Divided by Politics and Religion*. Nova York: Pantheon, 2012.

273 Deep Talks: Exploring Theology and Meaning-Making, "The Theology of Jordan Peterson (Part 3-Kierkegaard vs Peterson)", vídeo do YouTube, 23:23, 23 de julho de 2018, https://www.youtube.com/watch?v=HLgWmavO9QU.

POSSÍVEIS OBJEÇÕES A UMA LEITURA KIERKEGAARDIANA DE PETERSON

Alguns podem acolher aqui objeções iniciais, apontando, talvez, que não se pode comparar Kierkegaard, que toma como certas as reivindicações metafísicas e dogmáticas do luteranismo, com alguém como Peterson, que, em muitas entrevistas, parece constitucionalmente incapaz de dar uma resposta direta à simples questão de se ele acredita em Deus. Outros podem objetar devido à sua avaliação relativa da estatura intelectual dos pensadores, considerando a colocação dos dois homens juntos como um exemplo de lesa-majestade contra Kierkegaard. Talvez essa fosse a resposta de David Bentley Hart, que, numa entrevista, descartou Peterson como um hacker intelectual, argumentando que, no mundo acadêmico, ele é "tratado como uma piada", e alegando que o trabalho de Peterson é uma mistura de má erudição e psicologia de autoestima[274].

Eu abordaria a primeira dessas objeções salientando que, embora existam diferenças indubitavelmente significativas entre os pensadores, algumas das quais discutirei mais tarde, deveríamos reconhecer que ambos os escritores respondem e criticam os pressupostos que governam as suas culturas. Kierkegaard respondia ao luteranismo dinamarquês, enquanto Peterson respondia principalmente à academia contemporânea e, por extensão, à elite liberal no Ocidente. Kierkegaard, claro, viveu numa época em que automaticamente assumia-se que todos eram cristãos, simplesmente por terem nascido na Dinamarca do século XIX. Por acreditar que essa suposição representava um grave perigo espiritual, ele prometeu tornar tudo o mais difícil possível, insistindo sempre que tornar-se cristão na cristandade era mais difícil do que converter-se do paganismo ao cristianismo. Ele estava convencido, também, de que os principais teólogos da sua

274 Gornoski, David. "David Bentley Hart, David Gornoski on the Politics of Jesus, Socialism, Property Ethics", vídeo do YouTube, 1:35:40, 26 de julho de 2018, https://www.youtube.com/watch?v=_6kXKgddZYM.

época tinham confundido o refletir sobre a fé com o viver a fé, algo encorajado pelo que ele via como a aliança profana entre a teologia luterana e o hegelianismo – "o Sistema", como ele o chamava. Da mesma forma, Peterson desafiou a ortodoxia liberal governante dos nossos dias, questionando a difamação do legado intelectual, político, social, teológico, moral e material do Ocidente. Naturalmente, a sua heterodoxia atraiu a ira coletiva do nosso Sinédrio cultural. Ele representa, literalmente, uma ameaça mortal à sua razão de ser.

Para além da grande semelhança entre o envolvimento dos dois pensadores com as suas culturas, a explicação de Peterson para a sua habitual relutância em afirmar que acredita em Deus revela que ele partilha pelo menos algumas das convicções religiosas de Kierkegaard. Quando questionado sobre a sua reticência, Peterson salientou que "agia como se Deus existisse". Ele continuou dizendo que a crença deve ser "manifestada no peso da ação", que "a crença é aquilo em que você aposta sua vida"[275]. Ele então argumentou que no cristianismo, particularmente no protestantismo, a crença em Deus foi reduzida a (ou equiparado a) afirmar que se acredita em certas proposições. Isso, afirmou ele, ignora uma tradição concorrente dentro do cristianismo que enfatiza a necessidade de imitar Cristo. Mais especificamente, e numa veia kierkegaardiana, ele argumentou que essa redução barateia o significado da crença. Para ilustrar o seu ponto de vista, ele citou a seção do Grande Inquisidor de *Os Irmãos Karamázov*[276], elogiando a visão de Dostoiévski sobre as formas como a Igreja institucional mediava as exigências aparentemente impossíveis de Cristo ao povo, tornando efetivamente o cristianismo palatável e a vida normal possível. Noutra parte, Peterson também observa os paralelos entre a crítica de

---

275 The Rubin Report, "Jordan Peterson and Ben Shapiro: Religion, Trans Activism, and Censorship", vídeo do YouTube, 2:01:05, 30 de novembro de 2018, https:// www.youtube.com/watch?v=1opHWsHr798.

276 Peterson também cita a cena do Grande Inquisidor no capítulo 7 de *12 Regras para a Vida: Um Antídoto para o Caos* (Toronto: Random House Canada, 2018), e em Jordan B. Peterson, "2017 Personality 11: Existencialism: Nietzsche, Dostoevsky & Kierkegaard", vídeo do YouTube, 1:34:31, 21 de fevereiro de 2017, https://www.youtube.com/watch?v=4qZ3EsrKPsc.

Kierkegaard ao cristianismo e a de Dostoiévski[277]. Assim, e em plena consonância com Kierkegaard, Peterson coloca a ênfase diretamente no *como*, e não no *o quê*, da fé.

Além disso, como ele deixa claro na mesma longa discussão com Dave Rubin (1976-) e Ben Shapiro (1984-) citada acima, ele reconhece que o seu tratamento aos temas religiosos nas suas palestras e livros é redutor, na medida em que, como psicólogo, ele tenta explicar os padrões dentro das mitologias religiosas assumindo os princípios da biologia evolutiva, antropologia e neuropsicologia. Trabalhando dentro desses pressupostos, ele defende que muitos conceitos teológicos fundamentais – por exemplo, Deus, Cristo e sacrifício – poderiam ter surgido naturalmente. Mas para ele, isso não exclui a possibilidade de que essas ideias naturalmente derivadas apontem para verdades metafísicas que permanecem completamente independentes de qualquer processo que as tenha trazido à nossa consciência. Falando da ideia de Deus, ele diz: "É como se houvesse um espírito no fundo das coisas que dá origem a tudo". Mais tarde, ele expande isso, afirmando que provavelmente existe "uma camada metafísica abaixo de toda consciência que é a estrutura da própria realidade"[278]. Kierkegaard também afirma que, nos primeiros movimentos da consciência, Deus está imediatamente presente na subjetividade e existe apenas para a subjetividade na "interioridade"[279]. Ambos estabelecem, assim, o elo vital entre Deus, a consciência e a própria estrutura da realidade.

A última coisa que direi à primeira objeção é esta: eu pertenço há algum tempo a um grupo informal de acadêmicos (na sua maioria) cristãos que discutem as ideias teológicas de Peterson por meio de e-mail. Num tópico, argumentei que, embora Peterson possa não pertencer ao santuário propriamente dito, ele certamente encontrou

277 Kierkegaard, Søren. *Concluding Unscientific Postscript*, trad. David F. Swenson e Walter Lowrie. Princeton: Princeton University Press, 1974, 178.

278 Peterson, Jordan B. "2017 Personality 11".

279 Kierkegaard, Søren. *Concluding Unscientific Postscript*, trad. David F. Swenson e Walter Lowrie. Princeton: Princeton University Press, 1974, 178.

um lugar no nártex[280]. A partir dessa posição intermediária, ele é capaz de envolver muitas pessoas que, de outra forma, permaneceriam fora do alcance da Igreja[281]. Jonathan Pageau, um amigo ortodoxo de Peterson, respondeu dizendo que ele e Peterson tinham encontrado precisamente a mesma metáfora eclesial[282]. Ele então continuou:

> Jordan não é diferente no privado e em público. Ele quer que a palavra "Deus" signifique algo para ele antes de dizer algo como: "Eu acredito em Deus Pai". [...] Mas ele não está apenas tentando convencer os outros, ele está tentando convencer a si mesmo.
>
> Há duas semanas, Jordan me ligou. [...] Conversamos durante duas horas, repassando mais uma vez a história do Gênesis, e a relação entre a estrutura do jardim, o tabernáculo e o edifício tradicional da igreja. [...] Então ele disse: "É assustador pensar que essas histórias possam realmente ser verdadeiras". Juro que havia um terror real em sua voz[283].

Isso põe fim à noção de que Peterson rejeitou as reivindicações metafísicas (e morais) do cristianismo.

No que diz respeito à objeção baseada na estatura intelectual de Peterson, a comparação com Kierkegaard não exige que se acredite, tal como o economista Tyler Cowen (1962-), que Peterson seja "o intelectual público mais influente do Ocidente"[284]. O que quero dizer não é que Peterson possa igualar-se ao gênio cintilante de Kierkegaard, mas, sim, que ele compartilha muitas das preocupações e insights de Kierkegaard (deslocados para um registro contemporâneo e secular),

---

280 Espécie de vestíbulo, à entrada das antigas basílicas, reservado para os catecúmenos, de onde assistiam aos cultos, sem participação direta, por ainda não terem sido batizados. https://michaelis.uol.com.br/palavra/Pqzkn/nártex. (N. T.)

281 Para um relato convincente de como Peterson foi responsável pela recuperação da fé cristã de um jovem, consulte The Rational Rise, "Jordan Peterson Is a Gateway Drug to Christianity", vídeo do YouTube, 1:13:45, 27 de outubro de 2017, https ://www.youtube.com/watch?v=Oll2hmdLNnY.

282 Na verdade, eu posso ter chegado a essa metáfora depois de ouvi-la num dos vídeos de Pageau e Peterson. Simplesmente não consigo me lembrar.

283 Pageau, Jonathan. "JP in the Narthex", em e-mail para o autor, 20 de julho de 2018.

284 Brooks, David. "The Jordan Peterson Moment", New York Times, 25 de janeiro de 2018, https://www.nytimes.com/2018/01/25/opinion/jordan-peterson-moment.html.

e que trazer Kierkegaard para a discussão nos ajuda a compreender tanto a natureza do projeto de Peterson quanto suas limitações. No final, espero também que detratores como Hart reconheçam, ainda que a contragosto, que Peterson é tudo menos uma piada intelectual[285].

A NATUREZA ESSENCIALMENTE TERAPÊUTICA DO TRABALHO DE KIERKEGAARD E DE PETERSON

Em *Concluding Unscientific Postscript* ["Concluindo o Pós-escrito não Científico", em tradução livre], João Clímaco, o narrador pseudônimo dessa mais abrangente e sistemática das obras filosóficas de Kierkegaard, conta a história de ter ouvido uma conversa entre um avô e seu neto ao lado do túmulo do pai do menino. O velho lamenta a perda da fé do seu filho devido à especulação hegeliana, uma perda que o velho acredita que o separará eternamente do seu filho. Clímaco promete que, por sua vez, trabalhará vigorosamente para separar as pessoas da maldita ilusão de que a reflexão teológica é tudo o que Deus exige de nós. É precisamente nesse sentido espiritual que o trabalho de Kierkegaard pode ser descrito como terapêutico. Ele está fundamentalmente empenhado na cura de almas, embora a cura de espíritos talvez chegue mais perto do alvo[286].

Peterson, da mesma forma, enfatiza que o seu interesse principal não é político, mas psicológico, pelo que, e de acordo com a sua prática como psicólogo clínico, ele quer dizer terapêutico. Isso não quer dizer que a sua objecção ao Projeto de Lei C-16 do Canadá ou as suas frequentes diatribes contra os marxistas culturais, as políticas

285 Considero esperançoso o fato de que Hart, na mesma entrevista em que rejeitou a importância de Peterson, também tenha admitido que "pode ter perdido alguma coisa".

286 Kierkegaard, Søren. *The Sickness to Death*, trad. Walter Lowrie. Princeton: Princeton University Press, 1946, 35. Em que o narrador se identifica como médico. Dado que as almas são identificadas com o corpo e, em algumas tradições, informam o corpo, e dado que, como disse uma vez W. H. Auden, "Um visitante planetário poderia ler todas as volumosas obras [de Kierkegaard] sem descobrir que os seres humanos não são fantasmas, mas que têm corpos de carne e osso", talvez seja mais correto descrever Kierkegaard como um médico do espírito ou da consciência.

identitárias e o que ele descreve geralmente como a loucura dos possuídos ideologicamente não tenham implicações políticas, o que obviamente têm. A sua objeção fundamental a todas essas coisas, contudo, é que elas interferem com o florescimento humano adequado. Quando questionado, por exemplo, sobre a mais importante das suas doze regras para a vida, ele responde sem hesitação que é a regra 8: "Diga a verdade. Ou, pelo menos, não minta"[287]. Dizer a verdade está no cerne do envolvimento adequado de um indivíduo com a Realidade, ou Ser, nas palavras de Peterson. Assim, ele se opõe ao domínio da esquerda radical sobre o discurso em grande parte da academia, justamente porque isso impede as pessoas de falarem e pensarem com clareza, o que por sua vez as impede de se envolverem autenticamente com o Ser e, portanto, de serem transformadas.

E como sugere o subtítulo do *12 Regras para a Vida: Um Antídoto para o Caos*, ele quer ajudar os indivíduos a combaterem o sofrimento e o caos da vida, encontrando um significado que não apenas beneficiará imediatamente o indivíduo, mas que também inevitavelmente ajudará a todos aqueles que estão imbricados na vida do indivíduo. Aqueles que duvidam da intenção essencialmente terapêutica de Peterson precisam simplesmente assistir a alguns de seus vídeos nos quais ele relata com lágrimas como milhares de pessoas lhe contaram, por e-mail ou pessoalmente, como ele as ajudou a reconstruírem suas vidas. Quando questionado por Rubin na entrevista citada acima sobre o que faz valer a pena suportar todo o ódio e agressividade que ele experimenta, ele novamente menciona o fato de ouvir diretamente as pessoas a quem ajudou. Muitos dos seus principais entrevistadores aparentemente não conseguem conceber a avaliação de posições políticas com base na forma como elas afetam o florescimento humano individual, sem dúvida porque acreditaram na mentira corrosiva de que o pessoal é o político e o político é tudo o que conta.

---

287 Pärleros, Alexander. "Jordan Peterson on the Differences between Men and Women—Full Interview in Framgångspodden", vídeo do YouTube, 35:55, 3 de novembro de 2018, https://www.youtube.com/watch?v=-of0LhNNijA.

Para ajudar a determinar com mais precisão o que realmente conta para Peterson, voltamo-nos agora para uma breve – e reconhecidamente simplificada – visão geral dos estágios existenciais de Kierkegaard. Essa visão geral revela-se útil na abordagem do trabalho de Peterson, porque revela amplas áreas de concordância entre a compreensão do *eu* dos dois escritores e, mais significativamente, porque também nos permite identificar precisamente onde eles parecem se separar.

OS ESTÁGIOS DE KIERKEGAARD

Kierkegaard desenvolve sua teoria dos estágios existenciais – o estético, o ético e o religioso – principalmente em seus escritos pseudônimos. O mais útil deles é *Concluding Unscientific Postscript*, um trabalho que muitos críticos consideram como a declaração definitiva da filosofia de Kierkegaard[288]. A primeira coisa a notar é que esses estágios não são fases absolutamente distintas no desenvolvimento existencial por meio das quais os indivíduos progridem de forma sistemática e irreversível. Ninguém se enquadra perfeitamente em qualquer estágio em determinado momento (embora, muitas vezes, seja o caso de um estágio dominar). Além disso, mesmo quando os indivíduos passam decisivamente de um estágio para o seguinte, isso não envolve a perda completa do estágio anterior. O estágio mais avançado incorpora o anterior e o transforma[289].

Existem várias maneiras de descrever o estágio estético (ou qualquer estágio), dependendo de quais aspectos do "sistema do eu" são percebidos como mais importantes. Mark Taylor insiste que a chave para o estágio estético reside na ausência de decisão[290]. A sua

288 Dunning, Stephen N. *Kierkegaard's Dialectic of Inwardness: A Structural Analysis of the Theory of the Stages.* Princeton: Princeton University Press, 1985, 181. Ver também Mackey, Louis. *Kierkegaard: A Kind of Poet.* Filadélfia: University of Pennsylvania Press, 1971, 281; e Thompson, Josiah. "The Master of Irony," in *Kierkegaard: A Collection of Critical Essays*, ed. Josiah Thompson. Nova York: Doubleday, 1972, 155. *Concluding Unscientific Postscript* convida a essa perspectiva tanto devido à sua natureza abrangente e sistemática, como porque Kierkegaard assumiu a responsabilidade pela sua publicação.

289 Thomte, Reidar. *Kierkegaard's Philosophy of Religion.* Princeton: Princeton University Press, 1948, 102.

290 Taylor, Mark. *Kierkegaard's Pseudonymous Authorship: A Study of Time and the Self.* Princeton: Princeton University Press, 1975, 128.

noção dos polos imediatos e reflexivos do estágio estético revela-se útil para ilustrar isso. O polo imediato é caracterizado pela "imersão na inclinação sensual" e tem o prazer e a dor como categorias[291]. No polo reflexivo deste *continuum*, o eu está consciente da sua completa separação do ambiente. O interessante e o enfadonho tornam-se as categorias significativas, e a imaginação ganha liberdade para proporcionar entretenimento suficiente.

A importância do tempo para o eu fornece outro meio importante de distinguir entre os estágios. Stephen Crites (1931-2007), ao contrário de Taylor, considera "o interessante" a categoria determinante em ambos os polos da estética. Ele argumenta que, em ambos os extremos, a consciência é efetivamente elevada para fora do tempo: no polo imediato, pela intensidade de uma experiência momentânea que apaga a consciência do passado e do futuro, e no polo reflexivo, pela abstração do eu do processo temporal que permite a contemplação da realidade sob o aspecto da eternidade. Além disso, ele afirma que "apenas o que é atemporal é interessante"[292]. Taylor também concorda que o eu não é "temporalizado" no estágio estético[293].

Kierkegaard identifica a fronteira entre os estágios estético e ético como ironia. Ela "surge da constante colocação das particularidades do finito junto com a exigência ética infinita, permitindo, assim, que a contradição venha a existir"[294]. O movimento do polo reflexivo da estética para a ironia requer, portanto, apenas uma mudança de ênfase ou perspectiva. Enquanto os estetas reflexivos se concentram na sua própria idealidade ao mesmo tempo que ignoram as particularidades da existência finita (ou talvez usam a realidade apenas como uma ocasião para abstração e especulação), os ironistas prestam atenção à disparidade entre os dois. Em outras palavras, alguém nessa condição limite está consciente do ideal ético, mas centra-se no fracasso dos outros (ou

---

291 Taylor, Mark. *Pseudonymous Authorship*, 130. Ver também Kierkegaard, *The Sickness unto Death*, 51.

292 Stephen Crites, "Pseudonymous Authorship as Art and Act", in Thompson, *Critical Essays*, 212–13.

293 Taylor, Mark. *Pseudonymous Authorship*, 182.

294 Kierkegaard, *Concluding Unscientific Postscript*, 448.

do mundo) em estar à altura. Os ironistas, portanto, carecem de verdadeira consciência de si mesmos. Eles imaginam que todas as coisas são possíveis para eles, com o resultado de que "o mundo se torna como um sonho e [o] eu se torna um feixe de possibilidades conflitantes"[295].

Para ir além da ironia, o eu deve ser consolidado no tempo, "escolhendo" a si mesmo e, assim, entrando no estágio ético. Essa expressão estabelece um meio-termo entre meramente adquirir conhecimento do eu e criar o eu de forma independente[296]. Antes dessa escolha, o eu é imediatamente "dado". Louis Mackey (1926-2004) observa que o eu que passa a existir por meio dessa escolha é "o eu previamente existente, elevado da natureza à autoconsciência por meio da liberdade"[297]. Ele explica como isso inicia uma vida comprometida com a temporalidade, conceito que, como veremos, é central na terapêutica de Peterson:

> A autoescolha não é, portanto, apenas a entrada para a vida ética; é também o princípio constitutivo pelo qual essa vida é estruturada. Como tal, é composta por dois momentos essenciais, os momentos [...] do *arrependimento* e do *dever*. Na *presente* resolução de autoescolha, um homem leva todo o seu passado para a sua liberdade (arrependimento) e programa livremente todo o seu futuro (dever)[298].

O movimento para o estágio ético também envolve o deslocamento das categorias estéticas pelo ou/ou ético: bem/mal. Peterson também defende a substituição de critérios estéticos por critérios éticos na regra 7 de suas doze regras – "Busque o que é significativo (não o que é conveniente)". O juiz William, o eticista paradigmático do *Either/Or* [*Ou/Ou*] de Kierkegaard, argumenta que a escolha ética inicial consiste em escolher ou não escolher. Com essa escolha, "aparece a

---

295 Taylor, Mark. *Pseudonymous Authorship*, 177.

296 Taylor, Mark. *Pseudonymous Authorship*, 188.

297 Mackey, Louis. *Kierkegaard*, 52.

298 Mackey, Louis. Kierkegaard, 52–53. Ver também Taylor, *Pseudonymous Authorship*, 122-26, para um tratamento mais sofisticado da relação entre a temporalidade e a escolha do eu.

escolha entre o bem e o mal"[299]. O juiz também afirma que escolher absolutamente é escolher o ético, o que é mais uma forma de descrever a escolha do eu.

Kierkegaard, ao contrário de Peterson, acredita que o estágio ético apenas permite uma transição da existência estética para a existência religiosa. O colapso inevitável da fase ética pode ser atribuído a dois fatores relacionados: uma superestimação do potencial do eu para satisfazer exigências éticas e uma subestimação da natureza dessas exigências. De acordo com o *Concluding Unscientific Postscript*, o juiz William não consegue perceber que mesmo a entrada na vida ética – a escolha inicial do eu – está além dos recursos humanos finitos. Ele erroneamente assume que o eu será capaz de voltar a si mesmo depois de se desesperar totalmente, pois, para fazer isso, o indivíduo precisa da assistência de um Deus que está além dos parâmetros do eu ético[300].

Uma tendência semelhante para considerar Deus (e a religião em geral) meramente como uma dimensão do eu ético fica evidente na confiança do juiz na sua capacidade de cumprir os requisitos do dever. O princípio fundamental do dever, expresso em abstrato, é que cada um deve tornar-se ele mesmo. Nesse nível teórico, o objetivo principal de autorrealização do eticista equivale a pouco mais do que autoafirmação[301]. Deus é simplesmente invocado como um "fiador suprassensível da validade da sua posição moral"[302]. A ilusão de sucesso ético pode assim ser mantida apenas ao custo de traduzir a demanda ética infinita em um tipo de ética social finita. A idealidade no coração da ética provoca assim o seu colapso. Chega-se inevitavelmente um ponto em que um homem "deve escolher reconhecer-se absolutamente errado ou perder-se num labirinto de casuísticas. Se não chegar a esse

---

299 Lowrie, Walter. *Kierkegaard*. Nova York: Harper and Brothers, 1962, 2:182.

300 Kierkegaard, Søren. *Concluding Unscientific Postscript*, 230–31.

301 Taylor, *Pseudonymous Authorship*, 232.

302 Mackey, *Kierkegaard*, 61.

ponto, engana-se a si mesmo e menospreza os seus princípios"[303]. Essa crítica revelar-se-á crucial na análise da posição de Peterson.

Kierkegaard identifica a fronteira entre os estágios ético e religioso como humor. Ele assemelha-se à ironia na medida em que envolve o reconhecimento de uma contradição, mas aqui a contradição está entre a exigência ética infinita e a própria realidade moral concreta do indivíduo, "e esta má relação é aprofundada ainda mais quando ele [o humorista] vê a dificuldade de cumprir o requisito ético"[304]. Assim, o humor tem uma qualidade inerentemente patética, pois os humoristas estão conscientes de estarem alienados da sua imortalidade, "o interesse mais apaixonado da subjetividade"[305].

A religião A, o tipo inicial e "mais baixo" de existência religiosa, pressupõe a consciência da culpa e, portanto, um indivíduo só pode entrar nela escolhendo a culpa como uma qualificação absoluta do eu. Ao contrário dos eticistas, que se edificam com o pensamento de estarem essencialmente certos, na religião A as pessoas repousam no pensamento de que diante de Deus (o Absoluto) estão sempre erradas[306]. O consolo vem do fato de terem restabelecido uma relação com o Absoluto, mesmo que possa ser expressa apenas como consciência de culpa e ocasione sofrimento. O fato de a religião A se basear na imanência divina é a chave para compreender a sua consolação.

Existem duas maneiras básicas pelas quais os críticos compreenderam o uso da imanência divina nesse contexto: fenomenológica e metafisicamente. A leitura fenomenológica é que o indivíduo assume que o eterno é acessível ao eu, mesmo que isso seja vivenciado negativamente por intermédio da consciência de culpa. A leitura metafísica (ou essencialista) é que a alma imortal de uma pessoa participa do

303 Mackey, *Kierkegaard*, 88.

304 Gregor Malantschuk, *Kierkegaard's Thought*, ed. e trans. Edward V. Hong e Edna H. Hong (Princeton: Princeton University Press, 1974), 202.

305 Kierkegaard, Søren. *Concluding Unscientific Postscript*, 155.

306 Kierkegaard, Søren. *Either/Or*, trans. Walter Lowrie, revised Howard A. Johnson (Princeton: Princeton University Press, 1974), 2:339–56.

eterno, um fato que a experiência temporal não pode alterar, embora possa obscurecê-lo. Kierkegaard também liga isso à crença socrática na preexistência da alma[307]. O elemento comum em ambas as posições seria a suposição de que Deus é acessível ao eu *dentro* do eu.

A religião B (ou cristianismo) não oferece tal garantia, pois envolve uma ruptura decisiva com a imanência. Assim como a religião A pressupõe a consciência da culpa, o cristianismo pressupõe a consciência do pecado. Na opinião de Kierkegaard, a alienação implicada pelo pecado é tão radical que os indivíduos nunca poderiam descobri-la por si próprios. É necessário o paradoxo do Deus no tempo, ou da encarnação, para revelá-lo. E, ironicamente, para Kierkegaard a encarnação não sinaliza a presença de Deus na criação, mas sim o seu oposto: "Na religiosidade A, o eterno é *ubique et nusquam* [em todo lugar e em lugar nenhum], mas oculto pela fatualidade da existência; na religiosidade paradoxal está o eterno em um lugar definido, e precisamente essa é a ruptura com a imanência"[308]. Para entrar na religião B, é preciso ter fé, uma fé que acredita contra o entendimento. A função primária da razão na transição para o cristianismo, segundo Kierkegaard, é reconhecer esse paradoxo absoluto. As únicas duas respostas a isso são a ofensa ou a fé, e se alguém acredita, é em virtude do absurdo.

Mas não precisamos nos preocupar demasiadamente aqui com as ideias de Kierkegaard sobre a fé cristã (ou religião B), uma vez que o programa terapêutico de Peterson não chega sequer à religião A, embora possa partilhar algumas das suas características[309].

---

307 Ver Dunning, *Kierkegaard's Dialectic*, 202; and Taylor, *Pseudonymous Authorship*, 253–54.

308 Kierkegaard, Søren. *Concluding Unscientific Postscript*, 506.

309 Para ser justo com Peterson, o fato de ele identificar o Satanás de Milton como "o espírito da razão" em *12 Regras* – razão que ama a si mesma e se ofende quando se depara com o "Mais Alto e Incompreensível" e assim traz à existência o inferno – indica que ele compartilha alguns dos insights de Kierkegaard sobre os limites da razão ao abordar coisas absolutas. Ver Peterson, *12 Rules*, 218.

A DIALÉTICA TERAPÊUTICA ENTRE O INDIVÍDUO E A REALIDADE

Como ficará óbvio para qualquer pessoa que tenha um conhecimento superficial de Kierkegaard e Peterson, ambos insistem na primazia do indivíduo. Notoriamente para Kierkegaard, a multidão é "inverdade", uma afirmação que ele faz na sua dedicação a "aquele único indivíduo"[310]. Da mesma forma, Peterson fala frequentemente da soberania do indivíduo, argumentando que essa é a maior contribuição do cristianismo para a cultura ocidental. Peterson, num movimento que parece ter despertado pouco interesse para Kierkegaard, vai mais longe, argumentando que a renovação do indivíduo soberano é a chave para a regeneração da cultura mais ampla. Essa separação dos indivíduos do rebanho comum isola-os diante de Deus (no jargão de Kierkegaard), ou diante da Realidade e do Ser (no jargão de Peterson)[311], permitindo-lhes assim alcançar um certo grau de clareza moral sobre si mesmos – longe das distrações da vida coletiva e a possibilidade de dissolver a sua individualidade particular em abstrações reconfortantes, embora em última análise cáusticas, como a "multidão", o "público" ou qualquer forma de "política identitária". Como Peterson coloca em *12 Regras para a Vida*, é compreensível que "desejássemos ser protegidos... da total solidão existencial do Ser individual e da sua responsabilidade relacionada"[312].

Como observado anteriormente, Peterson insiste que das suas doze regras, a regra 8 ("Diga a verdade. Ou, pelo menos, não minta") é fundamental. A sua explicação da razão pela qual ele coloca tanta ênfase nisso revela algumas afinidades profundas com Kierkegaard, particularmente o seu comentário de que dizer a verdade permite que

---

310 Kierkegaard, Søren. "On the Dedication to 'That Single Individual,'" trans. Charles K. Belanger, Christian Classics Ethereal Library, https://www.ccel.org/ ccel/kierkegaard/untruth/files/untruth.html#Kierkegaard.

311 Ver Peterson, *12 Rules*, chap. 8, "Tell the Truth", em que ele usa os termos "Deus", "Ser" e "Realidade" de forma intercambiável.

312 Peterson, Jordan B. *12 Rules*, 225.

a Realidade "relaxe", iniciando assim uma relação dialética contínua que molda e melhora a pessoa. Peterson refere-se a isso em outro lugar como a dialética entre Ser e Devir, que corresponde estreitamente à dialética de Kierkegaard entre necessidade e possibilidade[313]. Às vezes, Peterson descreve esse processo como impulsionado pela ordem e pelo caos, em que a ordem representa o passado em toda a sua segurança e estabilidade; e o caos, o futuro em todo o seu terrível potencial fluido. Como Peterson diz noutro lugar, sem nos envolvermos honestamente num tal processo, nunca descobriremos como a luta com a necessidade, com os constrangimentos da Realidade, pode forçar o nosso verdadeiro potencial a avançar[314].

Peterson explicitamente liga esse desejo de verdade existencial com a noção de autenticidade de Kierkegaard[315]. E quando alguém existe na verdade, ao falar e agir com verdade, eliminam-se alguns dos buracos de fuga que Kierkegaard argumenta que os estetas, muitas vezes, fornecem para si próprios. Na esfera ética, não pode haver nada de hipotético no envolvimento de alguém com a Realidade, uma vez que a escolha do eu é absoluta, incondicional. Não se pode redirecionar qualquer resistência que a Realidade proporciona para algum projeto arbitrário e temporário do eu, mas, antes, deve-se aceitar isso como julgamento e correção. E é assim que nos aproximamos progressivamente de uma compreensão mais verdadeira do eu, embora, como veremos, Peterson e Kierkegaard divirjam significativamente na sua noção do que essa compreensão implica. Parece, por exemplo, que Peterson valoriza esse processo dialético, principalmente porque permite que uma pessoa aprenda progressivamente mais sobre si mesma, *em todo o seu potencial*. Kierkegaard, por outro lado, mostra-se exclusivamente focado no que isso revela, sobre o que é para Peterson

---

313 Kierkegaard, Søren. *Sickness unto Death*, 54.

314 Peterson, Jordan B. *12 Rules*, 269–82.

315 Peterson, Jordan B. *12 Rules*, 276.

um interesse entre muitos – o status ético de alguém e, por implicação, as perspectivas de felicidade eterna.

Ambos os homens, no entanto, reconhecem que existem duas maneiras fundamentais pelas quais podemos frustrar ou sabotar o nosso envolvimento com o Ser. Aqui, em particular, Kierkegaard ajuda-nos a compreender aquilo a que Peterson se refere geralmente como pecados de omissão e comissão. Em *A Doença para a Morte*, Kierkegaard (por intermédio do pseudônimo Anti-Clímaco) traça detalhadamente o progresso dialético do desespero à medida que ele se move cada vez mais profundamente na consciência. Apesar da miríade de formas que o desespero assume, ele aparece sob duas formas fundamentais: fraqueza e força – isto é, medo e fuga da liberdade essencial de alguém diante de Deus, ou afirmação desafiadora da liberdade de alguém diante de Deus. É neste último caso que Kierkegaard identifica como informando o endemoninhado avançado, é como se

> um autor cometesse um deslize da caneta, e esse erro administrativo se tornasse consciente de ser tal – talvez não fosse um erro, mas num sentido muito mais elevado era um constituinte essencial de toda a experiência – é, então, como se esse erro se revoltasse contra o autor, e, por ódio a ele, proibisse-o de corrigi-lo e dissesse: "Não, não serei apagado, servirei de testemunha contra ti, de que és um péssimo escritor"[316].

Kierkegaard refere-se também ao ódio pela existência com que tal ser deseja ser ele mesmo, nem sequer desejando libertar-se do "Poder que o postulou", mas antes, "apesar de tudo, impor-se a este Poder [sua Fonte] para apegar-se a ele por maldade", oferecendo assim provas "contra a sua bondade"[317].

---

316 Kierkegaard, Søren. *Sickness unto Death*, 118-19.

317 Kierkegaard, Søren. *Sickness unto Death*, 118.

Pode-se ver que Peterson está trabalhando com uma análise semelhante no capítulo 8 de *12 Regras*, embora ele não a desenvolva tão completa ou sistematicamente como Kierkegaard, que permanece insuperável como dialético[318]. No início de sua discussão sobre dizer a verdade, Peterson descreve pessoas que "se escondem", recusando-se a descobrir ou escolher a si mesmas. Mais tarde, porém, a sua discussão sobre o Satanás de Milton mostra que ele compreende bem a distinção entre o desespero na fraqueza e o desespero no desafio, pois Satanás tem uma mente que "não deve ser mudada pelo lugar ou pelo tempo"[319]. Na verdade, tais mentes – como as dos assassinos da Escola Secundária de Columbine, as quais Peterson estudou cuidadosamente e das quais falou frequentemente – desprezam o próprio Ser e revelam-se especialistas em transformar a Terra num inferno[320].

Embora Peterson enfatize que todos têm o potencial para o mal extraordinário, ele argumenta que tal mal surge precisamente quando as pessoas se recusam a se verdadeiramente envolverem com a Realidade e, assim, a conhecerem a si mesmas. Essa afirmação fornece um ponto de entrada útil para uma discussão mais ampla sobre onde Peterson e Kierkegaard divergem significativamente. Na verdade, enquanto Kierkegaard é otimista em relação à realidade e pessimista em relação ao eu, Peterson é pessimista em relação à realidade e otimista em relação ao eu. E isso fornece uma chave para as limitações da posição de Peterson, pelo menos de uma perspectiva kierkegaardiana.

---

318 Embora seja claro que algum tipo de processo dialético está guiando a análise de Peterson, ele não parece reconhecer o que Kierkegaard descreve como a natureza paradoxal do desespero: o fato de que o desespero deve aumentar para ser resolvido, de modo que o demoníaco avançado esteja ao mesmo tempo mais próximo do desespero e mais longe de Deus do que alguém pego em desespero inconsciente. Assim, à medida que aumenta a possibilidade de fé, aumenta também a possibilidade de ofensa. Em Peterson, por outro lado, temos a sensação de que ao nos aproximarmos do Ser/Deus (ou do nosso verdadeiro eu), movemo-nos simplesmente de glória em glória.

319 Peterson, Jordan B. *12 Rules*, 268.

320 Peterson, Jordan B. "Message to the School Shooters: Past, Present and Future", vídeo do YouTube, 36:39, 3 de março de 2018, https://www.youtube.com/watch?v=GYua-3JmnT4&vl=en.

A DIVERGÊNCIA ENTRE KIERKEGAARD E PETERSON

Como indica a visão geral dos estágios de Kierkegaard acima, o movimento do estágio ético para a existência religiosa envolve o reconhecimento de que, diante de Deus, o indivíduo está sempre errado. Mas Kierkegaard também insistiria que Deus nos ama e fornece um meio de corrigir esse erro, em Cristo. Os indivíduos em *si mesmos* simplesmente não têm os recursos para eliminar a consciência da culpa ou do pecado, mas devem recebê-los com fé da sua Fonte transcendente. E embora seja verdade que esse processo provoca grande sofrimento, o tipo de sofrimento a que Kierkegaard se refere não é o da dor cotidiana, da miséria e da desilusão geral, mas antes é ocasionado pela distância de pelo anseio de uma pessoa por Deus[321].

Peterson, no entanto, parte de pressupostos muito diferentes. A vida, argumenta ele em muitos lugares, é essencialmente sofrimento, decorrente do caos que nos rodeia e, muitas vezes, nos domina. Somos assolados por doenças, decepções, infortúnios e, inescapavelmente, pela própria morte. Perante uma avaliação tão sombria do verdadeiro estado das coisas, ele aconselha as pessoas a organizarem as suas vidas e a assumirem o maior fardo que puderem suportar, para o bem de si mesmas e dos outros. Aqui talvez haja ecos fracos tanto do pessimismo quanto do desafio de Nietzsche – e, se não de Nietzsche em particular, então certamente de um estoico de algum tipo.

Ao mesmo tempo, este pessimismo estoico é mitigado em grande medida por uma convicção vagamente cristã de que o indivíduo, ao falar a verdade, participa no *Logos* divino, o poder que esculpe uma ordem habitável no caos. Na verdade, em alguns lugares, Peterson torna-se positivamente rapsódico na sua antecipação do escaton que o seu projeto espera provocar. Considere esta passagem no final do capítulo 7 do *12 Regras para a Vida*:

321 Este é um tema constante em quase todos os escritos de Kierkegaard. Na verdade, Kierkegaard trata o mero sofrimento físico como relativamente trivial.

> O significado é quando tudo o que existe se junta numa dança extática de propósito único – a glorificação de uma realidade, de modo que não importa o quão boa ela tenha se tornado repentinamente, ela possa ficar cada vez melhor e melhor, cada vez mais profundamente para sempre no futuro. O significado acontece quando essa dança se torna tão intensa que todos os horrores do passado, toda a terrível luta travada por toda a vida e por toda a humanidade até aquele momento se tornam uma parte necessária e valiosa da tentativa cada vez mais bem-sucedida de construir algo verdadeiramente Poderoso e Bom[322].

Esse tipo de triunfalismo está totalmente ausente em Kierkegaard, embora esteja presente de forma incipiente no juiz William em *Ou/Ou*, o qual permanece bastante convencido da capacidade humana inata de satisfazer os requisitos éticos absolutos que a Realidade nos impõe. O próprio Kierkegaard, claro, continua convencido de que o juiz está simplesmente iludido quanto à nossa capacidade de suportar este fardo.

Se Kierkegaard pudesse, de alguma forma, comentar o projeto de Jordan Peterson, suspeito que, embora ele saudasse a coragem indubitável do envolvimento de Peterson com a vida, ele também poderia apontar que, em passagens como a acima, Peterson perdeu de vista o que para Kierkegaard deve sempre ser a principal preocupação do indivíduo – sua própria felicidade eterna. Há nessa passagem mais do que uma mera impressão do inelutável progresso hegeliano, em que o indivíduo se perde numa rapsódia coletiva. Imagino que a esperança e a oração de Kierkegaard por Peterson seriam que ele resolvesse por si mesmo as lutas que o levaram a contatar o seu amigo Jonathan Pageau. Por mais estimulante que seja dialogar com Peterson no nártex, seria muito melhor adorar com ele no santuário.

---

322 Peterson, Jordan B. *12 Rules*, 198.

CAPÍTULO 10

Ser e Significado: O Antídoto de Jordan Peterson para o Mal

Matthew Steem And Joy Steem

> O que precisamos não é de verdades que nos sirvam,
> mas de uma verdade à qual possamos servir.
>
> – Jacques Maritain

Nos últimos anos, Jordan Peterson passou a ter significados diferentes para pessoas diferentes. Para alguns, ele é um defensor de um patriarcado antiquado e de uma hierarquia rígida; para outros, é um charlatão que não diz nada de original. Mas, para outros ainda, ele é uma figura paterna: os comentaristas frequentemente o chamam de "papai Peterson" no *YouTube* e em outros meios de comunicação social.

Qualquer que seja a opinião das pessoas sobre ele, Peterson tem algo a dizer, e muitos estão prestando atenção. Mas o que ele está dizendo que tantos acham tão atraente? A maioria dos intelectuais influentes tem esquemas fortemente enraizados a partir dos quais teorizam, e Peterson não é diferente. É possível que um dos aspectos mais fundamentais do esquema de Peterson é a localização do mal e a melhor forma de navegar por ele. Para Peterson, se quisermos viver de forma significativa, devemos compreender o que é o mal e de onde ele vem. Na verdade, identificar e abordar o mal é um elemento essencial a fim de ser possível responder à eterna questão "vale a pena viver a vida?" com um "sim". E é talvez pela sua maneira de chegar ao sim que Peterson ganhou tanta força.

O MAL E A RESPONSABILIDADE

Peterson acredita que a vida é sofrimento, e muitas de suas ideias estão de alguma forma relacionadas a essa afirmação. No entanto, embora a vida seja um sofrimento, ela também pode ser – deve ser, se quisermos viver com propósito –repleta de significado. Isso significa que a única maneira de viver de forma significativa é lidando adequadamente com o sofrimento, e isso é feito assumindo-se responsabilidade. Mas como assumir a responsabilidade da melhor maneira possível? O conselho de Peterson é "deixe sua casa em perfeita ordem antes de criticar o mundo"[323]. Deixar a casa em ordem é mais complicado do que pode parecer à primeira vista; inclui toda uma filosofia de vida baseada no desejo de amenizar o sofrimento sendo amoroso. Mas a única maneira de amar efetivamente é reconhecendo a localização do mal.

Para Peterson, o mal não é algo que fundamentalmente vem do nosso ambiente. O mal vem de dentro de nós e não existe cura permanente ou utópica para ele. Não existe nenhuma solução tecnológica que o progresso acabe por implementar se tiver tempo ou recursos suficientes. Peterson gosta de citar as palavras do dissidente soviético Aleksandr Solzhenitsyn em *Arquipélago Gulag*: "A linha que separa o bem do mal não passa pelos Estados, nem entre as classes, nem entre os partidos políticos – mas por intermédio de cada coração humano – e por intermédio de todos os corações humanos"[324]. O mal permanentemente faz parte da condição humana.

Peterson sugere que reconhecer a localização do mal e estar sempre consciente dele é de absoluta importância, especialmente se

---

323 Peterson, Jordan B. *12 Rules for Life: An Antidote for Chaos*. Londres: Allen Lane, 2018, 158.

324 Peterson, Jordan B. *Maps of Meaning: The Architecture of Belief*. Nova York: Routledge, 1999, 375.

quisermos fazer mudanças significativas dentro de nós mesmos. Isso requer verdadeira autoconsciência, o que não é fácil de se obter. Ele pergunta: "Construímos intermináveis memoriais ao Holocausto, por exemplo, e juramos nunca esquecer. Mas o que é que estamos lembrando? Qual é a lição que deveríamos ter aprendido?"[325]. Ele então faz a notável afirmação de que "não podemos dizer 'nunca mais' como consequência da memória do Holocausto, porque não entendemos o Holocausto – e é impossível lembrar o que não foi compreendido. Não compreendemos o Holocausto, porque não compreendemos a nós mesmos"[326]. A partir desse exemplo, ele aponta para a necessidade de reconhecer que foram pessoas com vulnerabilidades e temperamentos semelhantes aos nossos que foram, de fato, capazes de produzir os horrores morais da guerra: "'Nunca esqueça' significa 'conhece a ti mesmo' – significa reconhecer e compreender aquele gêmeo do mal, aquele inimigo mortal, que é parte integrante de cada indivíduo"[327].

Peterson acredita que podemos aprender com a história se a lermos com precisão. Para fazer isso, deveríamos lê-la como se fôssemos os perpetradores dos males que estão sendo cometidos – porque com toda a probabilidade estatística não teríamos sido um dos poucos escolhidos que se opuseram a eles. Ler-nos na história como pessoas capazes de cometer os atos malignos que encontramos faz parte de agir com responsabilidade[328].

Se isso soa semelhante à doutrina cristã do pecado original, é porque Peterson atribui grande valor ao conceito. Ele afirma,

> A aceitação do duro dogma cristão do Pecado Original, por exemplo (apesar do seu pessimismo e aparente desigualdade) significou, pelo menos, o reconhecimento do mal; significou alguma compreensão da tendência para o mal como um

325 Peterson, Jordan B. *Maps of Meaning*, 315.

326 Peterson, Jordan B. *Maps of Meaning*, 315.

327 Peterson, Jordan B. *Maps of Meaning*, 315.

328 Peterson, Jordan B. *Maps of Meaning*, 355.

> aspecto intrínseco e hereditário da natureza humana. Da perspectiva informada pela crença no Pecado Original, as ações e motivações individuais devem sempre ser cuidadosamente examinadas e consideradas – mesmo quando aparentemente benevolentes – para que as sempre presentes tendências adversárias "acidentalmente" não ganhem vantagem. O dogma do Pecado Original força cada indivíduo a considerar-se como a (potencial) fonte imediata do mal. [...] Não é de admirar que essa ideia tenha se tornado impopular: no entanto, o mal existe em algum lugar. Continua a ser difícil não ver hipocrisia nas almas daqueles que desejam localizá-la noutro lugar[329].

Isso não significa que o ambiente não tenha qualquer papel na forma como um indivíduo irá se comportar no mundo. Peterson afirma que o meio ambiente certamente contribuirá; na verdade, ele afirma que as teorias que levam em conta as condições ambientais em relação aos comportamentos são "extraordinariamente úteis"[330]. É provavelmente por isso que ele enfatiza a importância de agirmos com responsabilidade uns com os outros. Ele afirma que "o mal voluntário que fazemos uns aos outros pode ser profunda e permanentemente prejudicial, mesmo para os mais fortes"[331]. Agir de forma amorosa para com o outro faz parte de agir de forma responsável. Atos de maldade contribuem para o sofrimento de todos.

Em última análise, porém, a responsabilidade por uma ação, boa ou má, reside no indivíduo, e não na sociedade. Ele diz que "o homem [não é] uma vítima da sociedade, [um] cordeiro inocente pervertido por forças sociais fora do controle individual". Isso porque Peterson acredita que "o homem criou a sociedade à sua própria imagem; isso o capacita tanto quanto o corrompe"[332].

---

329 Peterson, Jordan B. *Maps of Meaning*, 318-19.

330 Peterson, Jordan B. "Tragedy vs Evil", vídeo do YouTube, 42:31, 30 de março de 2013, https://www.youtube.com/watchv=MLp7vWB0TeY.

331 Peterson, Jordan B. *12 Rules*, 184.

332 Peterson, Jordan B. *Maps of Meaning*, 353.

Essa é uma pílula difícil de engolir para muitas pessoas, uma vez que não permite colocar a totalidade da culpa a outro lugar. Peterson reconhece essa impopularidade. Ele atribui essa relutância em assumir a responsabilidade pelo mal, em parte, ao declínio da crença religiosa e, em parte, à ideia de que o progresso e o nosso ambiente (se, ao menos, tornados ideais) podem finalmente livrar-nos da nossa capacidade de destruição: "Atos antes definidos como maus são agora considerados apenas a consequência de estruturas familiares, sociais ou econômicas injustas. [...] De modo alternativo, a prática de atos incompreensíveis de crueldade e destruição é vista como sintomática de alguma fraqueza ou doença fisiológica. Raramente os atos de maldade são considerados voluntários ou intencionais"[333].

Cada um de nós, afirma Peterson, independentemente do ambiente em que nos encontramos, pode "exultar na agonia, deliciar-se com a dor, adorar... a destruição e a patologia". As pessoas *optam* por "devastar, minar, destruir, atormentar, abusar e devorar"[334]. Se a causa subjacente do mal está fundamentada no indivíduo, não é surpresa que ambientes negativos não criem o mal; eles trazem à tona o que já estava lá. Peterson cita novamente com aprovação o *Arquipélago Gulag* de Solzhenitsyn: "Se uma pessoa se tornasse rapidamente má no campo, o que isso poderia significar era que ela não apenas se tornara má, mas que aquela impureza interior que anteriormente não era necessária se revelou"[335].

Em seu material, tanto escrito quanto falado, Peterson insiste no ponto de que a responsabilidade reside em cada indivíduo. Para Peterson, assumir a responsabilidade começa com o conhecimento de

333 Peterson, Jordan B. *Maps of Meaning*, 314. Levando a ideia um pouco mais longe em sua palestra "Tragédia versus Mal", Peterson afirma: "Existem todos os tipos de culturas humanas que foram caracterizadas pela ausência virtualmente completa de luxo material [e] bem-estar, cujas culturas eram altamente funcionais e altamente morais. [...] Descrever a propensão para o mau comportamento como consequência da desigualdade econômica é... [não perceber o ponto essencial]. O mal é mais pernicioso do que aquele gerado, por exemplo, pela desigualdade social".

334 Peterson, Jordan B. *Maps of Meaning*, 353.

335 Peterson, Jordan B. *Maps of Meaning*, 359–60.

nós mesmos e, especialmente, da capacidade que temos de contribuir para o mal: "Não há nada que ajude e auxilie tanto o despertar da onisciência dentro de nós quanto os pensamentos insistentes sobre as próprias transgressões, erros e enganos"[336]. Antes de podermos agir de uma forma significativa, que criará mudanças positivas, devemos admitir o mal que todos somos capazes de escolher. Mas por que uma pessoa escolheria o mal?

SOFRIMENTO E ESCOLHA

As ações das pessoas em relação aos outros e a si mesmas são motivadas pela forma como interpretam o mundo e as regras pelas quais ele funciona. Assim, para compreender por que as pessoas agem daquela maneira, é vital conhecer a verdadeira natureza do mundo. Para Peterson, fundamentalmente, o Ser "é uma interação entre o finito e o infinito"[337]. Os humanos habitam um mundo que tem limites. Isso não é uma coisa ruim, pois "na ausência de restrições sérias não pode haver escolha, nem liberdade, nem existência"[338]. As vulnerabilidades, então, são uma pré-condição para a maravilhosa e notável possibilidade de ser humano. Sem limitações, literalmente não há história. O problema é que a natureza da finitude e dos limites também inclui a possibilidade de tragédia. Em outras palavras, o preço que pagamos pela existência é uma vida que inclui a tragédia.

Mas, para Peterson, a principal causa do sofrimento não é a tragédia, que ele define como "a dureza arbitrária da sociedade e da natureza, contraposta à vulnerabilidade do indivíduo"[339]. Em vez disso, a maior quantidade de sofrimento resulta das escolhas voluntárias que os indivíduos fazem para agir de forma a causarem danos aos outros. Certamente, coisas como catástrofes naturais e doenças debilitantes

336 Peterson, Jordan B. *Maps of Meaning*, 375.

337 Peterson, Jordan B. "Tragedy vs Evil".

338 Peterson, Jordan B. "Tragedy vs Evil".

339 Peterson, Jordan B. *12 Rules*, 181.

contribuem para o sofrimento no nosso mundo; no entanto, na opinião de Peterson, a maior causa do sofrimento são os atos voluntários de maldade perpetrados pelos indivíduos uns contra os outros.

Para Peterson, o mal é caracterizado pela "disposição voluntária de fazer o que se sabe ser errado, apesar da capacidade de compreender e evitar tal ação"[340]. Os humanos, diferentemente dos outros animais, sabem o que é o mal, devido à nossa capacidade única de compreendermos a nossa própria vulnerabilidade. Reconhecemos a nossa própria vulnerabilidade no mundo em termos de danos físicos e emocionais. Em suma, entendemos a finitude da vida. Sabemos que estamos limitados pelas limitações do Ser. E como estamos cientes da nossa própria fraqueza, reconhecemos que os outros também são suscetíveis. Peterson argumenta que é por isso que os humanos, ao contrário dos animais, podem infligir o mal[341].

Peterson argumenta que existem duas maneiras de lidar com o fato de que a vida é sofrimento. A primeira é viver de uma forma significativa, acreditando – e fazendo uma escolha – que o Ser é mais bom do que mau, melhor do que pior, apesar do sofrimento que o acompanha. A segunda é viver e agir como se o preço da vida, que inclui o sofrimento, não valesse o esforço. Esta última escolha é a principal razão para atos malignos.

ARROGÂNCIA E RESSENTIMENTO

Em muitas de suas apresentações escritas e orais, Peterson comenta sobre pessoas que escolhem fazer coisas más: sejam elas figuras históricas recentes (os assassinos de Columbine ou Carl Panzram [1891-1930], por exemplo), indivíduos de várias histórias antigas (os bíblicos Caim e Esaú; e vários anti-heróis de diferentes mitologias) ou figuras do mal da literatura (o Satanás, de Milton [1608-1674]; ou Mefistófeles, de

340 Peterson, Jordan B. *Maps of Meaning*, 324.

341 Peterson, Jordan B. *12 Rules*, 76-77.

Goethe [1749-1832]). Todos esses personagens, diz ele, compartilham uma raiva do mundo criado, do próprio Ser. Tais indivíduos veem o mundo e o Ser como menos que bons. Como resultado, consideram a própria criação pouco valiosa. Eles consideram a consciência, que inclui a possibilidade da tragédia, como algo a ser rejeitado. Por causa dessa visão do mundo, eles agem voluntariamente de forma destrutiva.

Mas esses são anti-heróis verdadeiramente maus; no entanto, seria uma pessoa comum realmente capaz de tal mal? Peterson diria que existem graus em que uma pessoa pode agir com base na suposição de que o Ser não é fundamentalmente bom. Todos nós não temos o mesmo ódio intenso pela natureza do Ser que Mefistófeles ou Ricardo III de Shakespeare. Mas o cerne da questão continua a ser o pressuposto – em qualquer grau – de que a vulnerabilidade intrínseca (que permite a tragédia) que caracteriza a vida de uma pessoa é um fardo inaceitável para suportar. A visão de que a existência não tem valor leva qualquer indivíduo motivado por desejos egoístas e por gratificação imediata a escolher aquilo que é conveniente ou vantajoso no momento, em vez daquilo que é significativo e tem valor em longo prazo.

Peterson afirma que, além de uma visão negativa do Ser, a arrogância e o ressentimento também servem como estímulos ao mal[342]. A arrogância, como Peterson a entende, é uma crença inabalável de que a própria visão do mundo é a correta. Isso já é suficientemente mau, uma vez que rejeita qualquer visão alternativa ou corretiva. Porém, quando uma pessoa arrogante pressupõe que a natureza do Ser não justifica a tragédia que a finitude impõe, o resultado é o mal. A natureza perniciosa da arrogância que a torna particularmente hostil à reconsideração de uma visão negativa do Ser é a sua falta de querer ou de estar disposto a considerar que a sua compreensão pode estar errada. Além do mais, a arrogância emprega a razão. Sobre a razão e sua relação com a arrogância, diz Peterson,

342 Peterson, Jordan B. "Tragedy vs Evil".

> A maior tentação da faculdade racional é glorificar a sua própria capacidade e as suas próprias produções e afirmar que, face às suas teorias, nada de transcendente ou fora do seu domínio necessita existir. Isso significa que todos os fatos importantes foram descobertos. Isso significa que nada importante permanece desconhecido. Mas o mais importante é que significa a negação da necessidade de um confronto individual corajoso com o Ser[343].

Para Peterson, a humildade – admitir que não podemos saber tudo por causa da nossa própria finitude – é essencial para uma abordagem adequada do Ser. O diabo é, obviamente, a personificação definitiva do orgulho, e é isso o que o torna irredimível. Da mesma forma, o indivíduo que confia apenas na sua própria razão finita não consegue adaptar-se à possibilidade de que a vida possa valer a pena[344]. Peterson diz: "O que salva é a vontade de aprender com o que não se sabe. Isso é fé na possibilidade da transformação humana. Isso é fé no sacrifício do eu atual pelo eu que poderia ser"[345].

Uma das reações do indivíduo que acredita não só que o mundo é trágico, mas também que a injustiça e a tragédia são dirigidas a ele, é o ressentimento. Essas pessoas sentem que, de alguma forma, receberam injustamente as cartas mais pobres da vida, mais do que qualquer outra pessoa[346]. Essa percepção, segundo Peterson, gera desprezo, engano, ciúme, crueldade e ódio. E esse ódio, que visa à própria existência, que é considerada injusta por natureza e, portanto, não realmente boa, é então manifestado em reações de maldade volitiva[347]. Peterson afirma que uma pessoa que realmente acredita

343 Peterson, Jordan B. *12 Rules*, 219.

344 Peterson afirma: "A razão só pode servir à saúde – só pode servir à vida – quando desempenha um papel secundário" (*Maps of Meaning*, 321).

345 Peterson, Jordan B. *12 Rules*, 220.

346 Peterson, Jordan B. "A History of Violence: CBC Ideas", vídeo do YouTube, 53:58, março de 2015, https://www.youtube.com/watch?v=jIDqaCjpjD8.

347 TVO, "Jordan Peterson on The Necessity of Virtue", vídeo do YouTube, 52:03, 4 de janeiro de 2011, https://www.youtube.com/watchv=gwUJHNPMUyU.

que a natureza do Ser é injusta não pode, ao mesmo tempo, acreditar que vale a pena viver a vida de maneira virtuosa. Em última análise, Peterson diz que o indivíduo ressentido existe num estado de atrofiamento. Eles "experimentarão a vida como um fardo – como uma responsabilidade demasiada pesada para suportar – e recorrerão ao ressentimento e ao ódio, como uma alternativa 'justificável'"[348]. O ressentimento permite que as pessoas racionalizem a sua violência contra os outros ou contra o mundo. Tal como a arrogância, é suficientemente mau por si só, mas o ressentimento e a arrogância em conjunto possibilitam uma força particularmente destrutiva. Além disso, porque a arrogância não está disposta a aceitar qualquer outra visão, isso também significa a rejeição da esperança, que pode incluir uma visão mais corretiva do mundo.

VIVENDO DE MODO SIGNIFICATIVO NO MUNDO

Apesar de todos os problemas potenciais que podem afetar o indivíduo que vive no mundo, Peterson tem confiança em que a vida ainda pode ser vivida de modo significativo. Ele está, de fato, profundamente esperançoso e otimista. Parte da razão para essa esperança vem da sua crença expectante na natureza do Ser. Em essência, o Ser é bom, e, se uma pessoa se alinhar adequadamente com os requisitos do Ser – acreditando que a existência pode ser justificada pela sua bondade e agindo em conformidade –, ela será capaz de viver não apenas uma vida com propósito, mas também uma vida que seja satisfatória.

Então, como alguém vive de um modo significativo no mundo? Primeiro, Peterson acredita que devemos escolher acreditar que o Ser é fundamentalmente bom. Como observado anteriormente, porque ser um humano exige que vivamos dentro de limites, enfrentaremos tragédia e sofrimento. No entanto, com uma abordagem adequada à vida, não podemos apenas mitigar o sofrimento que experimentamos

---

348 Peterson, Jordan B. *Maps of Meaning*, 284.

nas nossas próprias vidas; podemos mitigar o sofrimento na vida de outras pessoas.

Peterson afirmou que "o antídoto para o sofrimento, ou o que nos ajuda a lidar com ele, é o significado"[349]. Quando lhe perguntaram se essa era uma afirmação filosófica, ele esclareceu que era, na verdade, teológica. Para quem conhece seu trabalho, isso não será nenhuma surpresa. Ele afirmou, mais de uma vez, que uma filosofia baseada apenas numa visão de mundo materialista está fadada a ser deficiente, uma vez que os seres humanos vivem num mundo que é mais do que materialista:

> O estudo filosófico da moralidade – do certo e do errado – é a ética. Tal estudo pode nos tornar mais sofisticados em nossas escolhas. Ainda mais antiga e profunda que a ética, porém, é a religião. A religião não se preocupa com o (mero) certo e errado, mas com o próprio bem e o mal – com os arquétipos do certo e do errado. A religião se preocupa com o domínio do valor, o valor último. E esse não é o domínio científico[350].

Algumas declarações e afirmações são metafísicas, não materialistas; elas são totalmente desconhecidas pela ciência. Existe uma estrutura a partir da qual a ciência não pode julgar certas afirmações. Uma dessas afirmações seria a de que é melhor existir do que não existir – que Ser, que a existência, apesar do sofrimento inevitável, ainda é algo bom. Na verdade, ele declara isso – ardentemente.

Como se chega ao significado? Pode até parecer que é necessário um ato de fé. De certa forma, é. Peterson coloca da seguinte forma:

> Decida agir como se a existência pudesse ser justificada pela sua bondade – desde que você se comporte adequadamente. E é essa decisão, essa declaração de fé existencial, que permite superar

349 Taub, Gadi. "Jordan Peterson on Masculinity, Meaning, God and Fatherhood (with Gadi Taub)", vídeo do YouTube, 25:01, 16 de fevereiro de 2019, https://www.youtube.com/watchv=OwFdvVBPn5Q.

350 Peterson, Jordan B. *12 Rules*, 118. Os seus debates populares com Sam Harris, em Vancouver e na Irlanda, tratam especialmente desta questão.

> o niilismo, o ressentimento e a arrogância. É essa declaração de fé que mantém sob controle o ódio ao Ser, com todos os males que o acompanham. E, quanto a tal fé: não é, de forma alguma, a vontade de acreditar em coisas que você sabe perfeitamente que são falsas. A fé não é a crença infantil na magia. Isso é ignorância ou mesmo cegueira intencional. Ela é, em vez disso, a compreensão de que as trágicas irracionalidades da vida devem ser contrabalançadas por um compromisso igualmente irracional com a bondade essencial do Ser[351].

Curiosamente, Peterson segue isso com outra afirmação sobre os limites da razão. Ele diz que, ao considerar a existência justificada pela sua bondade, "você pode começar por não pensar – ou, mais precisamente, mas de forma menos incisiva, por recusar-se a subjugar a sua fé à sua racionalidade atual e à sua estreiteza de visão. Isso não significa 'tornar-se estúpido'. Significa o oposto"[352].

Peterson está falando sobre estar fundamentalmente aberto ao Ser. Alguns filósofos chamaram essa capacidade de abertura de "maravilha". O filósofo católico Josef Pieper (1904-1997) coloca a questão da seguinte forma: "Aquele que experimenta a admiração é aquele que percebe, de forma pura, aquela antiga atitude em relação ao ser, que tem sido chamada de *theoria* desde a época de Platão: a postura puramente receptiva em relação à realidade. [...] A *theoria* só pode existir na medida em que o homem não se tornou cego para o maravilhoso [,] o maravilhoso fato de que algo existe"[353].

Além desse ato de tornar-se aberto ao Ser, Peterson prescreve assumir a responsabilidade como uma necessidade para viver uma vida significativa. A primeira tarefa que as pessoas verdadeiramente responsáveis empreenderão é reconhecer o potencial para o mal em

---

351 Peterson, Jordan B. *12 Rules*, 123.

352 Peterson, Jordan B. *12 Rules*, 123.

353 Pieper, Josef. *Leisure, the Basis of Culture*, trad. Gerald Malsbary. South Bend, IN: St. Augustine's Press, 1998, 118–19.

si mesmas. Conhecer a nossa própria capacidade para o mal é essencial se quisermos assumir a responsabilidade. Para, novamente, citar Peterson sobre o mal,

> O indivíduo é uma força terrível para o mal. O reconhecimento dessa força – o reconhecimento real, do tipo que vem como um golpe surpreendente – é uma pré-condição para qualquer melhoria profunda no caráter. Por tal melhoria refiro-me à capacidade de suportar a tragédia da existência, de transcender essa tragédia, e não degenerar em algo "inconscientemente" desejoso de disseminar a dor e a miséria[354].

Depois de reconhecerem a localização do mal, as pessoas responsáveis agirão de maneira amorosa. Isso dará externamente certo e será para o benefício de todos. Em outras palavras, agir com responsabilidade servirá para trazer mais sentido não só ao indivíduo, mas também à totalidade da sociedade em que ele ou ela vive. Isso porque Peterson acredita que as ações de todos os indivíduos, boas ou más, acabarão tendo um efeito sobre aqueles que os rodeiam: "São as pequenas escolhas que fazemos, todos os dias, entre o bem e o mal, que transformam o mundo em desperdício e a esperança em desespero. [...] Quem pode argumentar com um Solzhenitsyn quando ele afirma: "Um homem que deixa de mentir pode derrubar uma tirania?""[355]. Estamos muito ligados a todos aqueles que nos rodeiam, e tudo o que fazemos é importante.

Talvez seja por isso que Peterson argumentou que "você tem a obrigação ética de levantar o fardo mais pesado que possa conceber"[356]. Essa é verdadeiramente a única maneira de uma pessoa encontrar um significado duradouro, porque o significado pode ser encontrado assumindo – e agindo de uma forma que pressupõe – que todos os

---

354 Peterson, Jordan B. *Maps of Meaning*, 444.

355 Peterson, Jordan B. *Maps of Meaning*, 468.

356 Peterson, Jordan B. "Higher Ed & Our Cultural Inflection Point: JB Peterson/Stephen Blackwood", vídeo do YouTube, 1:33:33, 21 de fevereiro de 2019, https://www.youtube.com/watch?v=nlgG8C1GydA.

indivíduos têm valor e dignidade[357]. Assumir a dignidade dos outros, dá a nós a vontade de pormos de lado o nosso próprio ego com o objetivo de reduzir o sofrimento dos outros. Isso significa que devemos sacrificar "o que é indigno, desnecessário, ressentido e mortal em nosso caráter, apesar da dor de tal sacrifício"[358].

Peterson, entretanto, vai além disso; ele também exemplifica claramente a importância do amor na equação da responsabilidade. É aqui que entra ser semelhante a Cristo. Fundamentalmente, agir de maneira semelhante a Cristo, para Peterson, é estar disposto a enfrentar o mal para o bem de si mesmo e dos outros.

> Cristo [...] significou a transição da moralidade, da confiança na tradição para a confiança na consciência individual – do estado de direito para o estado de espírito – da proibição para a exortação. [...] Ame o seu próximo como a si mesmo. Isso significa não apenas ser agradável, educado e amigável, mas atribuir ao outro um valor equivalente ao valor do eu – que, apesar das aparências externas, é um representante de Deus – e agir em consequência dessa avaliação[359].

Falando especificamente sobre o que isso significa em termos de responsabilidade, ele diz:

> Cristo é para sempre Aquele que determina assumir a responsabilidade pessoal pela profundidade total da depravação humana. [...] Cristo é eternamente Aquele que está disposto a confrontar, a profundamente considerar e a arriscar as tentações apresentadas pelos elementos mais malévolos da natureza humana. [...] Cristo é sempre Aquele que está disposto a enfrentar o mal – de forma consciente, plena e voluntária[360].

---

357 Peterson, Jordan B. "Australia's John Anderson & Dr. Jordan B Peterson: In Conversation", vídeo do YouTube, 1:23:57, 3 de abril de 2018, https://www.youtube.com/watch?v=U4NijLf3M-A.

358 Peterson, Jordan B. "Foreword to The Gulag Archipelago: 50th Anniversary", vídeo do YouTube, 47:30, 31 de outubro de 2018, https://www.youtube.com/ watch?v=XJwEBizQgYI.

359 Peterson, Jordan B. *Maps of Meaning*, 404.

360 Peterson, Jordan B. *12 Rules*, 186.

Peterson acredita não apenas que cada indivíduo pode agir de maneira semelhante a Cristo, conforme descrito acima, mas também que, se o fizermos, o sofrimento no mundo poderá ser mitigado. Ele resume o amor como "o desejo que há em você de ver o que há de bom nos outros florescer"[361]. Isso significa viver de uma maneira verdadeiramente significativa. Em última análise, Peterson oferece o resultado possível de acreditar na bondade última do Ser e agir com responsabilidade:

> Talvez a sua não corrompida alma veja, então, a sua existência como um bem genuíno, como algo para celebrar, mesmo diante da sua própria vulnerabilidade. Talvez você se torne uma força cada vez mais poderosa para a paz e para tudo o que é bom. Talvez você veja, então, que se todas as pessoas fizessem isso, em suas próprias vidas, o mundo poderia deixar de ser um lugar maligno. Depois disso, com esforço contínuo, talvez pudesse até deixar de ser um lugar trágico. Quem sabe como seria a existência se todos decidíssemos lutar pelo melhor? Quem sabe que céus eternos poderiam ser estabelecidos pelos nossos espíritos, purificados pela verdade, apontando para o céu, aqui mesmo na Terra caída?[362]

CONCLUSÃO

Jordan Peterson é um dos intelectuais públicos mais reconhecidos do mundo ocidental. Tal popularidade exige uma análise cuidadosa de sua visão da vida. De acordo com Peterson, dependendo de como as pessoas veem a natureza do Ser, elas podem viver vidas significativas ou perpetrarem o mal. Essa não é de forma alguma uma abordagem simplista; em vez disso, chama-nos a enfrentar de frente a própria natureza da existência: que a tragédia é abundante e que, em última análise, a vida é sofrimento.

---

361 Peterson, Jordan B. "2017/04/24: Banned lecture at Linfield College: Ethics and Free Speech", vídeo do YouTube, 2:06:23, 2 de maio de 2017, https://www.youtube.com/ watchv=AKHuxVvA7T8.

362 Peterson, Jordan B. *12 Rules*, 167-68.

Por que essa mensagem tornou Peterson tão popular? Primeiro, as pessoas estão desesperadamente procurando viver de modo significativo e sentem que fazê-lo requer alguma responsabilidade da sua parte. Em segundo lugar, as pessoas concordam com a afirmação de Peterson de que a existência inclui sofrimento, mas têm esperança de que isso não impede um indivíduo de viver de uma forma que experimente a bondade do Ser. E Peterson certamente acredita que a existência é – apesar da nossa finitude – fundamentalmente boa. O requisito para experimentar o significado é escolher acreditar na bondade do Ser e, consequentemente, agir de forma responsável[363]. Responsabilidade, para Peterson, significa reconhecer a localização do mal dentro de cada indivíduo. G. K. Chesterton certa vez afirmou descaradamente: "A resposta à pergunta: 'O que há de errado [com o mundo]?' é, ou deveria ser, 'Eu sou o que há de errado'. Até que um homem possa dar essa resposta, seu idealismo é apenas um hobby"[364]. Se percebermos isso, seremos finalmente capazes de escolher o caminho certo e virtuoso, apesar das dificuldades do nosso ambiente. E esta vida responsável não termina apenas com o indivíduo, mas funciona externamente. Isso é talvez o que Peterson quer dizer quando propõe: "Trate o seu próximo como se ele fosse você mesmo – não com a piedade que mina o seu autorrespeito, e não com a justiça que o eleva acima dele – mas como uma divindade"[365].

Dito isso, embora Peterson tenha muito a oferecer em sua gramática de responsabilidade tanto em relação à localização do mal quanto em como enfrentá-lo, ele não gasta tanto tempo abordando a importância da comunidade. Embora Peterson aborde a importância

---

363 Peterson afirma que "o significado é o Caminho, o caminho da vida mais abundante, o lugar onde você vive quando é guiado pelo Amor e fala a Verdade e quando nada que você deseja ou poderia desejar tem precedência justamente sobre isso" (*12 Rules*, 204).

364 De uma carta ao *Daily News* (16 de agosto de 1905). Citado em Julia Stapleton, *Chesterton no Daily News: Literature, Liberalism and Revolution, 1901–1913*, Volume 3, janeiro de 1905 a junho de 1906 (London: Pickering & Chatto, 2012), 167–68.

365 Peterson, Jordan B. *Maps of Meaning*, 468.

de agir de forma amorosa consigo mesmo e com os outros, isso não é o mesmo que cultivar a comunidade.

Como ele é um autoproclamado liberal clássico, é de se esperar que seu foco principal esteja no indivíduo. No entanto, existe uma fraqueza em qualquer teoria que se concentre excessivamente no mero indivíduo. É altamente improvável que qualquer pessoa seja capaz de ver toda a extensão do mal em si mesma sem o ponto de vista que a vida comunitária traz. Além disso, a virtude, um tema que Peterson aborda de um ângulo bastante estoico, é difícil de conhecer de modo pleno, e muito menos de desenvolver, puramente como indivíduo. A consciência do mal e da virtude só pode desenvolver-se plenamente dentro de uma comunidade. Pode ser verdade que, para que as pessoas desenvolvam a sua capacidade de assumir responsabilidades, elas precisam de limpar o seu quarto; no entanto, mesmo um quarto não é puramente feito por alguém e para sua própria manutenção. Em vez disso, o quarto de cada pessoa inclui coisas que não foram apenas criadas por outros, mas também, espera-se, coisas que permitem a cada um de nós trabalharmos para uma vida melhor dentro da comunidade.

Uma ênfase adequada na comunidade também é necessária para uma concepção adequada da natureza do Ser – isto é, que o Ser é, em última análise, bom. Na visão judaico-cristã do mundo – um riacho em que Peterson nada – a ideia de um corpo, que é uma inter-relação de muitos membros, é de suma importância. Na verdade, de acordo com a metáfora bíblica de um corpo, o indivíduo solitário – como uma parte solitária do corpo – nunca será capaz de funcionar por conta própria. A paráfrase da Mensagem do apóstolo Paulo coloca desta forma: "A maneira como Deus projetou nossos corpos é um modelo para a compreensão de nossas vidas juntos... cada uma parte dependente de cada outra parte" (1Coríntios 12,25). Assim, quando se trata de conhecer a natureza do Ser, não seria melhor (até mesmo obrigatório!) incorporar uma mentalidade comunitária em vez de meramente singular?

Ao focar quase com exclusão o indivíduo, Peterson pode ser como aqueles cristãos pietistas que adotam uma abordagem individualista para buscar a santidade (Peterson poderia, em vez disso, dizer perfeição). Isso não quer dizer que ele esteja apelando a um exclusivismo que rejeita o mundo. No entanto, mesmo que assumamos a responsabilidade e limpemos o nosso quarto, enfrentemos a natureza sofrida do mundo e as nossas próprias vulnerabilidades inerentes, ou mesmo resistamos ao orgulho e ao ressentimento, há limites para o que nós, como meros indivíduos, podemos alcançar, mesmo quando se trata do nosso próprio desenvolvimento. Talvez, no futuro trabalho de Peterson, ele aborde de forma mais completa o papel da vida corporativa. O tempo vai dizer.

Lista de Colaboradores

Bruce Riley Ashford (PhD, Southeastern Baptist Theological Seminary) é reitor do Southeastern Baptist Theological Seminary em Wake Forest, na Carolina do Norte. É autor de sete livros, escreve regularmente para a *Fox News Opinion* e já apareceu na C-SPAN, NPR e em outros veículos nacionais.

Hunter Baker (JD[366], PhD) é diretor de artes e ciências da Union University e membro do departamento de ciência política. É autor de três livros sobre política e religião e atua como acadêmico afiliado ao Acton Institute. Baker também é membro da Ethics and Religious Liberty Commission ["Comissão de Ética e Liberdade Religiosa", em tradução livre] e editor associado do *Journal of Markets and Morality* ["Jornal de Mercados e Moralidade", em tradução livre].

Laurence Brown formou-se bacharel em ciências políticas pela Universidade de Fraser Valley, ganhando a Medalha de Excelência do Reitor na Faculdade de Ciências Sociais. Ao longo dos seus estudos, Laurence desenvolveu um profundo interesse pelo impacto da fé nos sistemas políticos e planeja continuar a pesquisar esse vasto assunto em âmbito global enquanto realiza seu mestrado em assuntos internacionais.

---

366 Um diploma conjunto é aquele em que se estudam duas disciplinas, ou áreas, diferentes ao mesmo tempo. Elas são então combinadas em uma única qualificação. Assim, por exemplo, alguém pode estudar Filosofia e Inglês e depois se formar com um MBA (ou mestrado) em Filosofia e Inglês. https://www.hult.edu/blog/whats-the-difference-between-a-joint-degree-and-a-dual-degree. (N. T.)

Ron Dart leciona no Departamento de Ciência Política, Filosofia e Estudos Religiosos da Universidade de Fraser Valley em Abbotsford, Colúmbia Britânica. É autor ou coautor de 35 livros que tratam da interface entre literatura, espiritualidade e política, incluindo o *The North American High Tory Tradition* ["A Alta Tradição Conservadora Norte-Americana", em tradução livre] (American Anglican Press, 2016) e *Christianity and Pluralism* ["Cristianismo e Pluralismo", em tradução livre] (Lexham Press, 2019).

Stephen Dunning é cofundador e codiretor do Inklings Institute of Canada, sediado na Trinity Western University. Ele recebeu seu PhD da Universidade de Cambridge, onde cursou como bolsista da Commonwealth. É autor de um livro premiado sobre Charles Williams e de numerosos artigos e documentos de conferências[367] sobre uma ampla gama de assuntos, principalmente sobre literatura canadense e os vários sobre os Inklings.

Esther O'Reilly é escritora freelance e estudante de doutorado em matemática. Atualmente ela bloga no Patheos, e seu trabalho apareceu em vários veículos cristãos e convencionais, incluindo *The Federalist*, *Quillette*, *Premier Christianity* e *Permanent Things*. Também foi convidada do programa *Unbelievable?* da Premier Christian Radio, discutindo com Jordan Peterson, o *Dark Web Intelectual* ["Intelectual da Dark Web", em tradução livre] e a crise de significado.

Alastair Roberts (PhD, Durham University) trabalha para os Institutos Theopolis e Davenant. É o autor de *Echoes of Exodus: Tracing Themes of Redemption Through Scripture* ["Ecos do Êxodo: Rastreando Temas da Redenção por Meio das Escrituras, em tradução livre"] (Crossway, 2018) e do livro *Heirs Together: A Theology of the Sexes* ["Herdeiros Juntos: Uma Teologia dos Sexos", em tradução livre] (Crossway,

367 Um documento de conferência geralmente é ambos, um documento escrito e uma apresentação oral. https://www.gcu.edu/blog/doctoral-journey/what-conference-paper-and-how-it-written. (N. T.)

2019). Participa dos podcasts Mere Fidelity e Theopolis, além do seu próprio, o Podcast Adversaria.

Esgrid Sikahall é doutoranda em Ciência e Religião na Universidade de Edimburgo, Reino Unido. A sua investigação centra-se no filósofo alemão Hans-Georg Gadamer, especificamente na questão de como a hermenêutica filosófica de Gadamer pode reconfigurar a reflexão contemporânea e a compreensão pública das ciências, da filosofia e da teologia.

Matthew Steem e **Joy Steem** são apaixonados por explorar a vibração intelectual, imaginativa e emocional que está no cerne da tradição cristã. Seus ensaios, tanto acadêmicos quanto populares, podem ser encontrados no *Mythlore*, *The Chesterton Review*, *Christianity Today Women*, *Fathom Magazine*, *Clarion Journal*, *Relief Journal* e em outros lugares.

T. S. Wilson vive em um ambiente comunitário em uma pequena propriedade rural com suas duas filhas e uma variedade de animais de fazenda. Estudou filosofia política na Universidade de Fraser Valley e nos próximos anos pretende continuar seus estudos em nível de pós-graduação.

Acompanhe a LVM Editora nas Redes Sociais

https://www.facebook.com/LVMeditora/

https://www.instagram.com/lvmeditora/

LVM EDITORA

Esta edição foi preparada pela LVM Editora
com tipografia Baskerville, Raleway e Clarendon Text Pro.

Impressão e Acabamento | Gráfica Viena
Todo papel desta obra possui certificação FSC® do fabricante.
Produzido conforme melhores práticas de gestão ambiental (ISO 14001)
www.graficaviena.com.br